Mes propres affaires

AF350122

Princesse de Belgique Louise

(Traductrice : Maude MC Ffoulkes)

Writat

Cette édition parue en 2024

ISBN : **9789361463174**

Publié par
Writat
email : info@writat.com

Selon les informations que nous détenons, ce livre est dans le domaine public. Ce livre est la reproduction d'un ouvrage historique important. Alpha Editions utilise la meilleure technologie pour reproduire un travail historique de la même manière qu'il a été publié pour la première fois afin de préserver son caractère original. Toute marque ou numéro vu est laissé intentionnellement pour préserver sa vraie forme.

Contenu

CHAPITRE I
Pourquoi j'écris ce livre

Fille aînée d'un grand homme et d'un grand roi, dont la magnifique intelligence a enrichi son peuple, je ne dois que malheur à mon origine royale. Depuis ma naissance, j'ai souffert et j'ai été trompé. J'ai trop idéalisé la vie.

Au soir de mes jours, je ne souhaite pas rester sous le nuage de la fausse impression qui prévaut actuellement à mon sujet.

Sans vouloir trop faire allusion au passé et retracer le chemin de mon Calvaire, je voudrais au moins emprunter quelques pages à mes souvenirs et à mes réflexions, inspirées par les événements qui ont détruit les trônes à proximité desquels j'ai vécu autrefois. L'empereur d'Autriche, l'empereur allemand, le tsar de Bulgarie m'étaient tous des personnages familiers.

Poussé à Munich par la guerre, puis à Budapest, fait prisonnier un instant par les bolcheviks hongrois, j'ai survécu à la tempête européenne et j'ai vu tous ceux qui m'avaient renié et écrasé, battus et punis.

Et je tremblais chaque jour pour ma pauvre Belgique, si forte dans son courage et dans son travail, mais si injuste envers moi — oh non, pas envers le *peuple* — le bon peuple est naturellement héroïque et infatigable. Je veux parler de certains de leurs chefs, qui ont été trompés à cause de moi, et qui sont peut-être aussi trop friands d'argent. Injustes eux-mêmes, ils ont tous également violé la justice par des intérêts illicites qui avaient l'apparence de la légalité, aussi bien que par une attitude fausse qui semblait n'être qu'un oubli, mais qui était en réalité une ingratitude.

Mon père ne s'est pas encore fait élever de monument dans le pays qu'il estimait tant ; son gouvernement s'est souvenu des folies de sa vieillesse plutôt que de ses privilèges, et sa mémoire en a souffert.

Mais ce qui est passé est passé. Ma mémoire reste fidèlement et affectueusement attachée à ma terre natale ; ma seule pensée est de l'aimer et de l' honorer .

C'est de la Belgique que je veux parler avant de passer aux cours de Vienne, Berlin, Munich et Sofia, et aux nombreux faits que ces noms rappellent, dont certains méritent une meilleure connaissance et considération.

Je n'ai jamais éprouvé pour la Belgique d'autres sentiments que ceux d'une affection impérissable. La plus douloureuse de mes réflexions pendant cette horrible guerre, c'est qu'elle était plus à plaindre que moi.

Le jour où j'étais recherché à Budapest par des bolcheviks hongrois, j'entendis l'un d'eux dire à un autre, après avoir prouvé par lui-même la simplicité à laquelle j'étais réduit : « Voici une fille de roi qui est plus pauvre que moi. J'ai pensé aux malheureuses femmes d'Ypres, de Dixmude , de France, de Pologne, de Serbie et d'ailleurs, malheureuses créatures sans feu ni pain à cause du crime de guerre, et j'ai pleuré sur elles et non sur moi.

Plus d'un d'entre eux enviait peut-être ma situation avant 1914 ; Ils ne se rendaient pas compte que j'aurais préféré le leur !

Mariée à dix-sept ans, je m'attendais à trouver dans le mariage les joies que peuvent procurer un mari et des enfants. J'ai eu l'amère preuve du contraire.

La rupture était inévitable lorsqu'il s'agissait de mes propres sentiments intimes et de ceux qui m'entouraient. J'étais trop indépendant pour utiliser ce qui m'offensait.

Les honneurs sont souvent sans honneur , aussi élevés qu'ils puissent paraître. Sauf de rares exceptions, la fortune et le pouvoir ne font que développer en nous l'appétit du plaisir et nous poussent à la dépravation. Ceux que La Bruyère appelle « les Grands » perdent facilement la connaissance des conditions humaines. La vie n'est plus pour eux la preuve mystérieuse de l'existence d'une âme qui sera finalement récompensée ou punie selon ses mérites. La religion ne leur apparaît qu'un masque ou un instrument.

Amenés à juger leurs semblables à travers les flatteries, les calculs, les ambitions et les trahisons dont ils sont environnés, ils arrivent, par méfiance à l'égard de la nature humaine, à un état d'indifférence à l'égard de Dieu, et ils accommodent ses lois à leurs besoins dans l'assurance de s'ajuster avec le Créateur comme ils ajustent leurs actions avec leurs ministres.

Lorsque je passe en revue le passé et que je me rappelle les différentes phases de ma malheureuse existence, je ne désespère jamais de trouver finalement une justice que je n'ai pas encore rencontrée dans ce monde ; J'ai toujours cru que cela existait *quelque part* . S'il n'en était pas ainsi, les choses seraient inconcevables.

Je dois cet esprit de confiance aux leçons que j'ai apprises dans mon enfance, principalement de celles que m'a enseignées la Reine, ma mère. « Efforcez-vous toujours d'être chrétienne», disait-elle. Je ne comprenais pas la portée de ces mots quand j'étais enfant, mais les malheurs de ma vie ont contribué à les expliquer.

Poussé à la révolte par l'humanité à bien des égards, je me suis maintenant soumis à une Volonté Supérieure, et je connais le bonheur de ne pas haïr mes ennemis. Le pardon a toujours suivi ma rébellion.

Je n'ai jamais douté que ceux qui m'ont fait du tort seraient punis tôt ou tard sur terre ou ailleurs, et j'ai eu pitié de mes persécuteurs.

Je les ai plaints de leur aversion pour ma franchise, parce que je suis un ennemi de toute hypocrisie de famille et de cour ; je les ai plaints d'avoir censuré ma fidélité à une affection, et, par-dessus tout, j'ai plaint leur exagération de mon mépris pour cette ancienne idole : l'argent !

Convaincu comme je l'étais, et non sans fondement, qu'une immense richesse allait revenir, non seulement à moi mais à mes sœurs, j'ai soutenu que notre devoir était d'utiliser pleinement nos ressources. Ne valait-il pas mieux faire circuler l'argent et faciliter le commerce ? Cette opinion n'était cependant partagée ni par un mari enclin à thésauriser, ni par une famille qui craignait toute idée ou coutume nouvelle et qui ne voyait dans les aspirations des masses qu'une catastrophe inévitable et horrible contre laquelle il fallait se prémunir. se protéger en épargnant le plus possible.

En même temps, lorsque j'ai été engagé dans une lutte, je n'ai jamais rencontré que des traitements cruels de la part de mes ennemis (au premier chef par les calomnies destinées à me perdre aux yeux du monde), mais j'ai Je me suis précipité d'abord contre tous les obstacles que la violence et l'inimitié ont conçus contre moi.

Incapable de vivre et d'agir normalement, et contraint par la force et les privations de traiter ce que je considérais comme méprisable avec obéissance et respect, je n'avais pas les moyens d'existence auxquels j'avais droit. La peine que j'avais prise pour assurer ma liberté sur mon sol natal, dans l'ordre et la dignité que j'espérais, fut annulée par ceux qui en étaient eux-mêmes moralement responsables. J'ai été contraint de devenir prisonnier ou fugitif, emmené et éloigné de ma position légitime par des difficultés de toutes sortes. Par ces procédés, mes ennemis s'imaginaient que je serais plus facilement privé de tout ce à quoi je m'étais accroché.

Que serais-je devenu si je n'avais pas trouvé un homme qui s'est consacré à me sauver de toutes sortes de pièges et de dangers, et qui a trouvé des êtres dévoués pour le seconder - dont beaucoup sont issus des rangs les plus humbles de la vie - je ne suis pas en mesure de le faire. conjecturer.

Si j'ai connu la méchanceté d'une aristocratie dépourvue de noblesse, j'ai aussi bénéficié des délicatesses les plus chevaleresques qui m'ont été accordées par le peuple, et ma reconnaissance est principalement ce sur quoi je veux écrire aujourd'hui.

Mais au fond de mon cœur, j'ai le désir impérieux de ne plus laisser exister la légende qui s'est créée autour de moi et de mon nom.

CHAPITRE I Ma
Belgique Bien-Aimée ; ma famille et moi-même ; Moi-même, tel que je me connais

Si dans un cortège officiel le personnage principal vient en dernier, alors la Belgique doit venir en dernier dans mes pages, car c'est de moi qu'il faut commencer.

Je me décide à le faire non sans appréhension, car je me souviens des descriptions d'eux-mêmes que de célèbres écrivains autobiographiques, saint Simon par exemple, ont données au début de leurs mémoires.

Loin de moi l'idée de vouloir me peindre de couleurs éclatantes . Ce serait une prétention dont me préservent les grands écrivains qui possédaient le talent nécessaire pour se décrire. J'espère seulement, si possible, me décrire tel que je crois être.

J'examine souvent mon cœur. Plus je vieillis, plus cette tendance à l'auto-analyse se renforce. Autrefois, j'aimais connaître mes semblables ; maintenant j'ai découvert qu'il faut toujours se connaître soi-même avant de tenter de déchiffrer d'autres énigmes humaines.

L'ancien précepte de Delphes , que citait le roi mon père, me revient à la mémoire, mais je ne le donnerai pas ici. Je ne comprends pas le grec moderne, contrairement à la reine Sophie, cette charmante femme, qui a eu la folie de l'apprendre ; elle a perdu son trône, dit-on, en voulant déjouer la subtilité d'Ulysse !

Ma qualité prédominante est l'horreur de tout ce qui n'est pas sincère, inexact, formel et banal. Mon goût pour la simplicité dans la pensée et dans les actions m'a marqué depuis longtemps comme un révolutionnaire aux yeux de ma famille. C'est alors que je me suis rebellé à Vienne contre la routine et contre ce qu'on appelle l' *esprit* de cour.

Ma passion pour la sincérité m'a apporté l'unité de pensée. Je suis une femme fidèle à un vœu que mon cœur admet librement.

J'ai connu et aimé assez peu d'individus pour me permettre de les approcher et de les connaître à fond, mais une fois ma confiance et mon attachement donnés et trouvés justifiés, je suis devenu profondément attaché à ceux à qui ils ont été accordés.

Beaucoup de gens auraient voulu me voir privé de bonheur, mais je possède au moins ce joyau : la fidélité, et j'en ai connu la douceur ; non seulement la fidélité banale et matérielle — toujours plus ou moins passagère comme on l'entend généralement — mais la fidélité pure et noble qui accompagne un esprit vigilant et chevaleresque ; l'idéal des cœurs nobles, révoltés par l'injustice et attirés par le malheur. Les fidélités diverses, bien que sœurs, sont des trésors merveilleux dont il faut être soi-même riche pour pouvoir enrichir davantage l'avenir de dons précieux.

Ferme dans mes droits, et fidèle à mes convictions quand je les crois conformes à l'honneur et à la vérité – qui jaillissent d'une essence divine – et ne sont pas inspirées de conventions hypocrites, je n'ai peur de rien, et rien ne peut me convaincre. contre ma volonté.

J'ai hérité de ces traits de mon père et de ma mère ; de ma mère je reçois le côté spirituel, et de mon père je reçois le côté matériel de mon caractère. Il est donc inutile de croire que je devrais jamais agir contre les préceptes de ma conscience.

Si je suis obligé de céder un instant, je le fais comme on céderait à la pointe de la baïonnette.

La méchanceté et la contrainte ne créent pas l'équité, elles créent seulement ses réserves, et le recours à la justice vient de Dieu seul et non de l'homme.

Cette force de résistance contre le mal et le mépris de l'étiquette sont pour ainsi dire les caractéristiques saillantes de ma vie.

Mais malgré mes opinions tranchées, je me montre très nerveux en présence d'étrangers. Lorsqu'on me les présente, j'ai du mal à leur parler, même si leur personnalité me séduit.

Mes compatriotes bien-aimés de Bruxelles, les amis qui sont toujours présents dans mes pensées, disaient : "La princesse Louise est fière !" Quel erreur! Au contraire, j'aurais bien aimé répondre à l'affection qu'ils m'offraient et entrer dans ces maisons belges que je savais si hospitalières. Ah ! quel bonheur de ne pas être née fille de roi ! On pouvait alors parler librement à des semblables qui méritaient de la sympathie ; mais une princesse ne peut pas faire ce qu'elle veut.

Avec mon entourage je suis parfois aussi ouvert et expansif que silencieux et réservé avec les inconnus. Je me méfie des visages nouveaux, et en aucun cas je ne me laisse aller aux commérages. Je préfère de loin la conversation des hommes qui savent quelque chose à celle des femmes qui ne savent rien.

Je déteste tout ce qu'il y a de contre nature dans la conversation ; l'affectation m'est insupportable. Des propos futiles qui m'agacent suggèrent facilement quelque répartie ou commentaire sarcastique comme le roi savait si bien en user, qui touchait toujours au vif celui à qui on s'adressait. Mais l'influence du souvenir de la Reine me retient parfois et me fait taire par charité chrétienne.

Inébranlable dans les convictions de ma conscience et extérieurement réservée, je suis néanmoins une femme de contradictions. Quand je suis obligé d'agir, je me précipite invariablement vers les extrêmes. Les extrêmes de l'âme résultent toujours de contrastes, tout comme le tonnerre du ciel résulte de la rencontre de deux nuages d'orage. En moi, la tempête est supprimée. Je surprends plus que toute autre chose par mon attitude habituelle de ne pouvoir prévoir la décision qui m'emporte.

Je ne considère pas l'existence au point de vue ordinaire ; Je le considère d'un point de vue beaucoup plus élevé. Cela n'est dû à aucun sentiment de fierté. Je suis emporté par quelque chose en moi au-delà de certaines barrières et de certaines frontières ; Je vis dans un monde à moi dans lequel je peux me réfugier.

De très nombreuses fois au cours de la persécution implacable que j'ai endurée pendant si longtemps, je me suis tenu devant un miroir et j'ai essayé de lire l'âme dans mes yeux. J'étais prisonnier; J'étais « fou » pour des raisons d'État. Je me demandais froidement : n'étais-je pas vraiment en train de devenir fou, étais-je encore maîtresse de ma raison ?

"Oui", répondit une voix intérieure, "vous êtes maîtresse de votre raison tant que vous êtes maîtresse de vous-même, et vous êtes maîtresse de vous-même tant que vous restez fidèle à votre idéal d' honneur ."

Je parlerai de cet idéal plus tard. Les femmes honnêtes comprendront. Mais ma nature n'a pas trouvé dans la demeure conjugale le bien, le pur et le vrai, qu'elle avait rêvé, espéré et désiré. Au fil des années, l'atmosphère de ma maison a changé, les enfants en pleine croissance sont devenus moins une protection. L'aide est arrivée dans un jour de chaos sous un aspect que le monde condamne. Rien ne m'arrêtait alors et, désormais, rien ne me séparera de mon idéal. J'ai supprimé la splendeur dorée qui me fait honte. Je vis désormais avec ce qui me parle dans un langage que je peux comprendre, quelque chose de moralement beau. Cet acte de mon moi intérieur est maintenant réalisé. Je ne me suis pas repenti. Je ne le ferai jamais.

Drames, complots, intrigues, trahisons se succèdent : je lutte contre eux sans triompher. C'est l'œuvre de mon moi extérieur. J'ai peut-être l'air d'échouer, mais mon moi intérieur se détourne, dégoûté par la boue.

Je n'ai pas été fait pour vaincre dans la mêlée des conflits humains dans un domaine qui est peut-être celui des créatures prédestinées à montrer que la véritable condition de l'homme n'est pas ici-bas. La société qu'il prône, la civilisation qu'il admire ne sont que les conceptions pauvres et fragiles de son illusion de souveraineté terrestre, et elles ne lui apporteront que du malheur s'il ne vit que pour elles.

Dieu était toujours présent dans mes pensées même lorsque je me croyais oublié des hommes.

J'ai eu, comme toute créature écrasée par un faux témoignage, mes heures de doute et de désespoir. On me reprochait au palais de Cobourg et à Vienne de ne pas me conformer à la pratique extérieure de la religion après en avoir vu toute la double face et la fausse dévotion. Je refusais souvent d'aller à la chapelle et d'accepter comme convenable la piété extérieure qui était pour moi un sacrilège. J'allai chercher Dieu et la Sainte Vierge dans quelque église solitaire et humble, loin de la Hofburg et de mon palais.

J'ai aussi connu le moment où, sur l'ordre de mon âme rebelle, je me suis détourné du ciel. La souffrance, l'expérience et la méditation m'ont ramené au Divin Maître dont l'amour m'a été enseigné par ma mère bien-aimée. Je crois que j'arriverai en sa présence par un chemin qui ressemble au Calvaire. C'est un chemin qui monte, mais Il me relève ; et il est si rude qu'à chaque détour j'oublie un peu plus le monde et je tends les bras vers l'amour et la justice de Dieu.

* * * * *

Ils ont dit que j'étais belle. J'hérite de mon père ma silhouette droite, et j'ai aussi quelque chose de ses traits et de son expression.

J'hérite de ma mère une certaine capacité de rêve, qui me permet de me réfugier en moi-même, et lorsqu'une conversation ne m'intéresse pas, ou si quelqu'un ou quelque chose me trouble, je cherche immédiatement refuge dans la chambre secrète de mon âme.

Mais mon regard me trahit, et l'effort que je fais pour revenir à la vie quotidienne me donne l'expression d'un fugitif : c'est une grande particularité chez moi.

La couleur de mes yeux est d'un marron clair, qui reflète ceux de la Reine et du Roi, mais plus particulièrement ceux du Roi. Comme lui, je suis capable de faire passer ma voix de la douceur à un certain éclat dur. Les épis dorés ne sont pas plus dorés que ne l'étaient autrefois mes cheveux dorés ; aujourd'hui, c'est de l'argent.

Je parle comme le roi, mais un peu plus lentement que lui, dans les deux langues que j'emploie principalement et qui me sont également familières : le français et l'allemand.

Comme lui je pense en français ou en allemand, mais quand j'écris, je préfère le faire en français.

tellement amoureuse de la simplicité et de la vérité par rapport à toutes les conditions de la vie, que je pense qu'une femme, où qu'elle soit, doit toujours conserver sa position de femme. Bien entendu, il faut des diplômes en tout, et les différences entre les hommes sont le résultat de leur éducation et des règles de la vie sociale.

Bien que je sois totalement indifférent aux fausses courtoisies et aux éloges creux, aux méthodes des rusés et aux prétentions des intrigants, je respecte le mérite, et quand il est reconnu et récompensé, j'estime l' honneur qui lui est accordé.

Ne recherchons pas les honneurs extérieurs mais respectons notre propre honneur personnel . Je n'oublie pas, je n'ai jamais oublié, même dans mes pires heures de malheur, ce que je dois à ma naissance, à mes chers défunts et aux idées qui sont nées en moi.

J'aime l'Art et, comme la Reine, j'ai une préférence pour la musique. J'hérite aussi de son amour des chevaux. Le sport me paraît une chose secondaire en comparaison de l'intérêt de l'équitation sous toutes ses variétés.

A Paris, on me voyait toujours au Bois ; à Vienne, j'étais un *habitué* du Prater. J'éprouve encore un grand plaisir à repérer les voitures qui sont des voitures et les cavaliers qui sont des cavaliers ; ils sont tous deux plus rares qu'on ne le pense.

Je suis un grand lecteur et je note mes impressions. Je lis avec plaisir tous les journaux qui valent la peine d'être lus, et toutes les critiques qui me font réfléchir.

La politique ne m'a jamais ennuyé, mais aujourd'hui elle m'étonne et me déchire le cœur ; l'effroyable bouleversement de l'Europe, le trouble universel me remplissent d'inquiétude pour l'avenir.

Hostiles à tout excès du pouvoir monarchique qui incite ses favoris à la dépravation, je pense néanmoins que les démocrates auront du mal à conduire les affaires et à gouverner au mieux des intérêts généraux. L'étiquette du pouvoir, le nom de président, de consul, d'empereur ou de roi ne signifient qu'une chose, et d'ailleurs le principe de l'autorité est toujours réglé par l'influence de la femme.

Cette influence, suprême dans l'histoire du monde, n'est primordiale dans les démocraties que lorsqu'elle s'exerce en secret, et elle est généralement malchanceuse. Dans les monarchies, elle est bénéfique au développement de l'aristocratie, sauf dans le cas classique d'un favori ivre ou pervers qui, en prenant possession sensuelle du prince, prend également possession de son autorité.

Dans certains cas, il n'est pas sage d'amener les hommes à la bonne fortune. Ceux de notre époque semblent bien loin d'y parvenir par la haine, l'ignorance et la confusion, que la ruine de la vieille Europe ne peut qu'aggraver.

En ce qui concerne les livres, je relis plus que je lis. Mais je suis attiré par tout ce qui est nouveau et dont j'entends parler, et qui d'ailleurs me déçoit si souvent. J'ai lu des livres sur la guerre ; Je compatis avec les hommes qui se sont tranchés la gorge, mais j'aimerais qu'ils cessent d'écrire sur ce sujet barbare.

Goethe est mon auteur préféré ; c'est l'ami et le compagnon que j'aime à tout moment. Je connais les grands auteurs français, mais aucun d'eux, à mon avis, n'atteint la sérénité mentale de Goethe ni ne me donne autant de repos d'esprit.

J'ai un penchant pour les œuvres de Chateaubriand qui date de ma jeunesse. Le personnage de René séduira toujours le cœur des femmes.

En ce qui concerne les livres modernes... Mais lorsqu'on parle des hommes de lettres et des artistes, il faut toujours exclure ceux qui sont vivants, c'est pourquoi je ne dirai rien des auteurs modernes. Je dirai seulement que de toutes les pièces de théâtre (Shakespeare, comme Dieu au Ciel, seul excepté) le répertoire français, à mon avis, est le plus varié et le plus intéressant, et par la facilité que j'ai eu d'entendre des pièces dans le principales langues européennes, je pense être capable de juger. Je parle maintenant du théâtre dramatique. Les œuvres et les représentations du théâtre lyrique paraissent généralement plus remarquables, et les compagnies sont plus consciencieuses en Allemagne et en Autriche et même en Italie qu'en France.

En dehors de Paris et de Monte-Carlo, il est difficile de trouver, même dans les pays les plus charmants, ce que possèdent toutes les villes allemandes sans importance : un théâtre confortable, de la bonne musique, de bons chanteurs.

Comme les différents tempéraments sont étranges : celui-là est plus musical, celui-là est plus savant, celui-là est plus philosophique, celui-là est plus imaginatif ; il semble que la Providence, en créant des diversités de races et de caractères, ait voulu insuffler dans le cœur des hommes la nécessité de fusionner leurs différents talents pour être heureux dans ce monde. Mais la Providence, tout en dotant les hommes de génie, a négligé de les rendre moins stupides et moins méchants.

CHAPITRE II I
La Reine

La reine était la fille de Joseph Antoine Jean, prince royal de Hongrie et de Bohême, archiduc d'Autriche (le dernier Palatin , très vénéré par les Hongrois), et de sa troisième épouse, Marie Dorothée. Guillemine Caroline, princesse de Wurtembourg .

Fiancée au prince Léopold, duc de Brabant, héritier du trône de Belgique, Marie Henriette d'Autriche l'épousa par procuration à Schönbrunn le 10 août 1853, et en personne, selon l' *Almanach de Gotha* , à Bruxelles le 22 même mois.

Par ce mariage la Maison Royale de Belgique, déjà liée à celles de France, d'Espagne, d'Angleterre et de Prusse, s'allia aux familles régnantes d'Autriche-Hongrie, de Bavière, de Wurtembourg , etc.

La jeune reine était la fille d'une mère bonne et simple, elle-même un modèle de vertu. Ses frères étaient l'archiduc Joseph, un vaillant soldat qui fit tuer trois chevaux sous ses ordres à Sadowa , et l'archiduc Étienne, l'idole de mon enfance, qui fut banni de la cour de Vienne parce qu'il était trop populaire. Il termine ses jours en exil au château du Schaumbourg en Allemagne.

Le roi Léopold Ier, mon grand-père, étant décédé le 10 novembre 1865, le roi Léopold II et la reine Henriette montent sur le trône.

Je peux encore voir la Reine telle que je l'ai vue lorsque j'étais enfant dans ses bras, tant mon adoration pour elle a survécu, tant ma croyance en un autre monde est restée sacrée dans sa mémoire.

La reine était de taille moyenne et de constitution élancée. Sa beauté et sa grâce étaient inégalées. La pureté de ses lignes et de ses épaules méritait l'expression « royale ». Sa démarche souple était celle d'une sportive. Sa voix était d'un timbre si pur qu'elle éveillait des échos dans l'âme. Ses yeux, d'un brun plus foncé que ceux du roi, n'étaient pas aussi lumineux, mais ils étaient bien plus tendres ; ils ont presque parlé.

Mais combien moins ses perfections physiques comptaient-elles en comparaison de ses qualités morales. Véritable chrétienne, sa conception de la religion était de la suivre rigoureusement dans les moindres détails, sans être le moins du monde étroite. Elle avait une conception philosophique et assurée de Dieu et des mystères de l'Infini. Cette foi éclairait sa doctrine et fortifiait sa piété.

Les gens qui ne peuvent ou ne veulent pas étudier le problème de la religion se persuadent facilement qu'il est absurde de se soumettre aux lois de la confession, à ses signes et à ses cérémonies. Le chrétien sincère est la femme qui est *par excellence* une épouse et une mère, mais pour certains fanatiques, elle n'est qu'un être inférieur, tombé entre les mains des prêtres - mais ils seraient sans doute tout de même très heureux de l'avoir comme l'ange gardien de leur propre maison.

La religion n'a en rien dissuadé la reine de ses obligations envers l'État, ni de son goût pour l'art, ni de s'adonner à son sport favori .

Elle recevait ses invités, elle présidait son cercle, elle assistait à des fêtes avec un charme naturel qui lui était propre, et que j'admirais passionnément dès le moment où j'étais en âge de suivre son sillage.

La Reine s'habillait avec un art inné qui était toujours en harmonie avec son environnement. Une femme dans sa situation doit s'efforcer de plaire et de conquérir le cœur des gens, et elle est donc obligée plus que quiconque d'étudier sa toilette. La Reine y excella à tel point qu'elle fut toujours citée en exemple par les arbitres de la mode parisienne.

À tout moment, la mode est particulière, ou du moins elle semble l'être ; s'il n'en était pas ainsi, il n'y aurait pas de mode ; mais *la mode* n'est pas si variée qu'on le pense. Considérées comme des nouveautés, ses innovations ne sont ni plus ni moins que de petites découvertes et arrangements avec lesquels le serpent, sinon Ève, était déjà familier dans le jardin d'Eden.

La Reine a suivi *la mode* sans innover dans les modes, c'est l'affaire des autres reines, reines de la mode, pour lesquelles elles ont des raisons, non dictées par la Raison. Mais la Reine adopta et perfectionna les modes. C'était miraculeux de la voir porter cette dentelle féerique qui fait la gloire et le charme de la Belgique. Je me suis toujours souvenu d'une de ses robes, une certaine soie couleur cerise , le corsage drapé d'un fichu de Chantilly, une des plus belles choses que j'aie jamais vues de ma vie.

La reine ornait souvent les robes qu'elle portait lors de ses réceptions de guirlandes de fleurs fraîches. Elle savait les porter, et quel plaisir ce fut pour mes sœurs et moi, lorsqu'on nous dit d'aller dans les vérandas préparer les guirlandes de roses, de dahlias ou d'asters que notre bien-aimée souveraine allait porter.

Parfaite musicienne, la Reine était également brillante dans l'exécution d'une *Czarda* , d'une mélodie italienne ou d'un air d'Opéra, qu'elle interprétait d'une voix de soprano, dont la possession lui aurait envié bien des chanteurs professionnels.

Un de ses grands plaisirs était de chanter en duo avec Faure, l'illustre baryton, artiste bien élevé qui ne présumait jamais de sa position. La Reine et Faure étaient merveilleux dans les célèbres duos d' *Hamlet* et *Rigoletto* ... Je pense à elle chantant encore maintenant avec émotion. Mais tout cela appartient au passé ; c'est très loin.

La Reine recevait la meilleure société artistique au même titre que la meilleure société belge lors de ses réceptions privées. Elle a suivi de près toutes les activités du Théâtre de la Monnaie et du Théâtre du Parc . Elle s'intéressait au talent méritant. Elle n'ignorait pas les inquiétudes et les difficultés d'une carrière dont quatre heures, pour ainsi dire, se vivent dans le domaine de l'illusion, et les vingt autres face à face avec la réalité. Elle manifestait fréquemment sa sollicitude pour les artistes de la manière la plus délicate et la plus opportune. Le souvenir de sa gentillesse demeure dans de nombreux cœurs. Dans le monde théâtral, la gratitude est moins rare qu'ailleurs. On ne saurait trop vanter le bien qui existe dans l'âme de ces gens, qui semblent si frivoles et si faciles à vivre. Corneille avait toujours un bon mot pour eux.

La reine aimait les chevaux avec l'appréciation d'une cavalière née ; elle aimait conduire des animaux pleins d'entrain et j'ai hérité de son goût. Elle savait contrôler les chevaux sauvages hongrois qui n'étaient en sécurité qu'avec elle. Rafraîchis avec du champagne ou du pain trempé dans du vin rouge, ils volaient comme le vent ; on aurait dit qu'elle les guidait par un fil, mais en réalité elle les rendait obéissants au son de sa voix.

Elle soignait elle-même ses chevaux et leur enseignait de merveilleux tours de cirque. J'ai vu l'un d'eux monter le grand escalier de Laeken , entrer dans la chambre de la Reine et redescendre comme si de rien n'était. Ce qui l'amusait le plus, c'était de conduire à la fois deux ou quatre bêtes différentes, jamais attelées, et si pleines d'entrain que personne n'osait les conduire. A force de patience et du charme magnétique de sa voix, l'animal le plus rétif finit par devenir docile.

Sa vie était si ordonnée qu'elle trouvait du temps pour tout : les soins maternels étaient avant tout pour elle ; elle les considérait comme de doux devoirs, dont j'étais son premier fardeau.

J'avais un an quand est né mon frère Léopold, qui, hélas ! n'a vécu que quelques années. J'avais six ans à la naissance de ma sœur Stéphanie , et lorsque Clémentine est venue au monde j'avais déjà douze ans. J'étais donc l'aîné des oiseaux du nid de la Reine, la grande sœur à qui l'on apprenait à assister sa mère aussi bien sur les marches du trône que dans une chaumière. C'était moi qui devais donner le bon exemple aux frères et sœurs qui pourraient me succéder ; c'était moi qui étais censée bénéficier le plus des enseignements maternels. J'étais certes prioritaire, mais je n'étais pas le favori , même si, en raison de mon âge, j'étais, d'une certaine manière, le plus privilégié.

Notre mère nous a élevés à la manière anglaise ; nos chambres ressemblaient plus à celles d'un couvent qu'à celles des princesses dont on parle dans les romans de M. Bourget .

Lorsque je n'étais plus sous la surveillance quotidienne et nocturne d'une gouvernante ou d'une infirmière, je devais prendre soin de moi et, le matin, lorsque je me levais, je devais aller chercher la cruche d'eau froide devant la porte. destiné (en toutes saisons) à mes ablutions, car ni au Palais de Bruxelles ni au Château de Laeken le « dernier mot » en matière de confort n'avait atteint la perfection.

La reine m'a appris dès ma plus tendre jeunesse à diriger les domestiques ; J'ai appris d'elle très tôt qu'il était possible d'être un jour sur un trône et le lendemain de se retrouver dans la rue. Combien de mes parents ou amis peuvent aujourd'hui contredire cela ? Mais à cette époque, le raisonnement froid de ma mère eût dégoûté les Cours et les chanceliers.

REINE MARIE HENRIETTE DE BELGIQUE

Ma mère m'a fait réfléchir profondément. La pensée a été ma première révélation d'une existence réelle. J'ai commencé à regarder plus loin que le trône et un titre pour les moyens de supériorité morale et intellectuelle, je suis devenu une personnalité définie ; Je souhaitais me forger mes propres idées afin de pouvoir toujours être moi-même dans l'au-delà.

La Reine a contribué à façonner mon caractère par de nombreuses lectures, principalement en français et en anglais, principalement des mémoires. Je n'ai jamais eu, ou très rarement, le droit de lire un roman. La Reine lisait délicieusement, donnant à la moindre phrase toute sa valeur ; la manière dont elle lisait à haute voix était non seulement celle d'une femme qui savait *lire* , mais elle faisait aussi preuve d'une intelligence pénétrante - en fait, cela ressemblait plus à parler qu'à lire, et cela semblait venir d'un cœur qui comprenait tout. .

La reine était gaie et d'un charme envoûtant avec ses amis intimes. Elle était toujours ainsi, dans ses excursions à la campagne, dans les parties de croquet, dans ses propres réceptions et dans sa loge au théâtre. Sa bonne humeur répondait aux impulsions d'une nature généreuse et expansive.

Le jour de mon anniversaire, le 25 août 1894, que je célébrai avec elle à Spa, elle voulut marquer l'heureuse occasion en improvisant une petite danse après *le déjeuner* , qu'elle avait spécialement ordonné de servir, non dans sa villa, mais dans une chambre. réservé pour elle dans un hôtel, faisant ainsi *du déjeuner* une affaire plus agréable et plus familiale. J'étais présente, mes sœurs et moi, la fille de Stéphanie et la mienne, et nous portions toutes nos robes les plus élégantes.

La Reine a insisté pour que Clémentine , qui était une musicienne accomplie, jouait du piano et ait fait venir Gérard, son *maître d'hôtel* , qui nous avait accompagnés pour surveiller le service (il était de ces domestiques qui croyaient à leur devoir envers leur employeurs, et qui connaissaient la signification du nom de domestique), la Reine lui dit :

"Gérard, en l'honneur de l'anniversaire de la princesse tu vas valser avec nous."

"Oh, Votre Majesté !"

"Oui, oui, tu vas valser une fois avec moi, et une fois avec la princesse."

"Oh, Votre Majesté !"

"Quoi ? Tu ne sais pas valser ?"

"Oui, Votre Majesté, un peu."

" *Eh bien* , Gérard, valse ! Maintenant, Clémentine , joue une valse."

Le fidèle Gérard ne pouvait qu'obéir, rougissant, timide et n'osant guère regarder son royal partenaire. La Reine dit alors en riant :

"N'aie pas peur, Gérard, je ne suis pas un sylphide ."

Gérard a alors valsé avec ma mère et avec moi aussi, et il a bien valsé !

Le lendemain, il redevint le serviteur modèle, tel qu'on les aime et les estime de leurs maîtres, qu'ils aiment et estiment en retour, si seulement ceux qu'ils servent savent mériter leur dévouement.

La reine ne participait à la politique que pour s'acquitter de ses fonctions de souveraine. Sur un homme comme le roi, l'influence féminine ne pouvait être exercée par une épouse et une mère.

Il était impossible à la reine de trouver chez son époux l'union parfaite de pensée, l'intimité d'action et l'entière confiance qui, dans n'importe quel ménage, sont les seules conditions possibles du bonheur, et la première déception qu'elle éprouva fut suivie par d'autres qui devenaient de plus en plus cruels.

Le procès qui rendit la reine inconsolable et qui eut des conséquences si douloureuses fut la mort de son fils Léopold.

Ma mère ne pouvait jamais se consoler de la perte de l'héritier du Trône, de cet enfant si prometteur, donné et repris par le Ciel. C'était le chagrin de sa vie. Elle y a même fait allusion dans son admirable testament.

Depuis le jour de sa mort, sa santé, toujours aussi robuste, évolua peu à peu. Son âme commença à se détacher des choses terrestres et à se perdre de plus en plus dans la prière et la contemplation. Elle ne vivait que dans l'espoir ardent de rencontrer son fils au paradis.

La reine a toujours été une sainte et elle est rapidement devenue une martyre. Elle souffrait énormément de la grandeur distante du roi, qui n'existait que pour ses fonctions royales, même s'il lui arrivait parfois de s'adonner à un plaisir effréné après son travail ardu. C'était une nature extrême qu'une âme tendre ne pouvait comprendre, d'où des malentendus et leurs conséquences tragiques. Face à un tel sort, qui ne pouvait que devenir de plus en plus malheureux, il n'y avait rien à faire. La vie terrestre est vouée à connaître des désillusions implacables.

Mais malgré toutes les souffrances de la Reine, elle n'a jamais diminué sa bonté inspirée du Ciel. Elle s'abandonnait parfois à son chagrin et laissait entendre les cris de son âme blessée ! Elle tentait même de se défendre par quelque action dont le public était au courant mais qu'il ne comprenait pas. Mais elle revenait toujours aux pieds du Christ Consolateur.

C'est là que je la retrouverai, et là j'offrirai ma vénération et mon amour à cette sublime mère qui m'a inculqué la passion de remplir mes devoirs, tels que je les définis.

Mon idée du devoir, face à moi-même, est d'abord une liberté d'action légitime et complète ; c'est-à-dire la liberté du corps et de l'âme ; de là vient la recherche de Dieu ici-bas et l'ascension vers Lui à travers les erreurs humaines et les faiblesses humaines.

Oh! mère bien-aimée, j'ai traversé la vie sans comprendre du tout les mystères qui nous entourent, mais, suivant ta foi simple, j'ai cru, *je crois maintenant* , en présence d'un Créateur.

CHAPITRE IV Le
Roi

Mon père n'était pas seulement un grand roi, c'était un grand homme.

Un roi peut atteindre la grandeur en possédant l'art de s'entourer du bon entourage, et en profitant ainsi de l'importance qu'il lui est alors si facile d'acquérir. Il faut qu'il soit supérieur, au moins dans le cœur, pour avoir le goût de la supériorité.

Lorsqu'il accéda au pouvoir, Léopold II n'avait pas pour objectif de rassembler autour de lui ces merveilleuses intelligences qui l'auraient inspiré à la grandeur. Il n'a pas eu les mêmes chances que Louis XIV, ni les hommes que son propre exemple a développés plus tard. La Belgique était encore un État adolescent dont le gouvernement exigeait une gestion très prudente et exclusive. Elle était née de pays jumeaux, de caractère très différent, mais unis par les mêmes lois. Sa politique nationale est comme une toile dont la mission est de les maintenir ensemble, mais une telle forme de Constitution n'est pas sans inconvénients.

Longtemps la conviction secrète du Roi fut que, pour pouvoir durer et se fortifier, la Belgique avait un besoin urgent de quelque grand projet qui produirait en elle un amalgame d'efforts et d'intelligence, et lui permettrait de prendre l'un des les plus hautes places parmi les nations du monde.

Il avait soigneusement étudié la carte du monde, et ses observations aboutirent au projet inouï de doter son petit royaume d'immenses possessions coloniales. Il n'avait alors ni l'argent ni l'armée ; il n'en avait que l'idée, mais l'idée l'obsédait et il ne vivait que pour elle.

L'homme auquel je pense en pensant au roi est celui dont le silence m'a toujours effrayé quand j'étais enfant. Voici un exemple de son caractère taciturne.

La Reine est assise, tenant à la main un livre qu'elle ne lit plus. Elle me serre contre son cœur, tandis que ses yeux suivent le Roi. Les portes du salon menant aux autres pièces sont ouvertes, et le Souverain va et vient, les mains derrière le dos, presque comme un automate, sans nous regarder et sans interrompre son interminable pensée. Le silence règne sur le palais ; personne n'ose entrer, car le Roi a interdit l'accès aux appartements royaux. La Reine et moi sommes prisonniers involontaires de ce prisonnier de ses propres pensées.

Le roi était une figure belle et forte. Sa personnalité imposante et sa physionomie caractéristique sont familières même à la nouvelle génération, qui n'a vu de lui que les photos populaires ; mais les photographies n'ont jamais rendu justice à son expression de perspicacité sceptique . Ses yeux, comme je l'ai déjà dit, étaient marron clair ; à la moindre opposition, ils prenaient une expression fixe, et lorsqu'il s'agissait de mes sœurs et de moi lorsque nous étions en faute, le regard du roi nous effrayait plus que n'importe quel reproche ou châtiment.

La voix du roi était grave et quelque peu sourde dans *son timbre* , parfois elle devenait nasillarde ; quand il était en colère, il devenait, comme ses yeux, aussi dur qu'une pierre, mais s'il voulait plaire, il devenait doux et émotif. On parle encore de la manière dont il prononça son discours du Trône après la mort de Léopold Ier et de ses touchants mots d'ouverture : « Messieurs, la Belgique, comme moi, a perdu un père.

Lorsqu'il était de bonne humeur, il s'animait, même si son humour , lorsqu'il lui plaisait de le montrer, était toujours amer et satirique - et il le possédait en abondance. Je n'ai jamais oublié certaines de ses opinions touchant ses ministres et ses contemporains. Certains de ceux qui vivent encore seraient très flattés de les connaître. D'autres ne le feraient pas !

Le roi ne prêtait guère attention à moi ni à mes sœurs ; ses caresses paternelles étaient rares et brèves. Nous étions toujours impressionnés par sa présence ; il fut toujours pour nous plus le roi que le père.

En ce qui concerne son attitude envers la Reine, aussi loin que je me souvienne, je le vois toujours comme le même homme égocentrique et taciturne dans ses relations avec elle.

Il était constamment loin de la maison, donc nous, les petits, étions rarement avec nos deux parents. Moi seule, en raison de mon âge et de l'avantage qu'il me donnait sur mes sœurs, j'ai eu un peu de vie de famille avec mon père et ma mère avant que les différends n'apparaissent entre eux. Mais je ne me souviens pas d'un seul acte de gentillesse ou de tendresse de sa part envers ma mère que j'ai particulièrement remarqué dans ma jeunesse.

Je sais seulement qu'à une certaine époque, vers l'âge de onze ans, le Roi, qui comme ma mère adorait les fleurs, ne manquait jamais de lui en apporter chaque semaine qu'il en cueillait lui-même dans les jardins royaux. Il arrivait dans l'appartement de ma mère chargé de sa récolte parfumée et lui disait brusquement : « Te voilà, ma bonne épouse.

Stéphanie et moi commencerions aussitôt à remplir les vases, moi surtout, car la Reine m'avait appris à aimer et à arranger les fleurs, ces discrètes compagnes de nos pensées, qui apportent dans la maison des parfums, des couleurs , des caresses et du repos, et qui sont en vérité la quintessence de la terre et du ciel !

Un jour à Laeken mon père m'a offert un gardénia. J'étais simplement stupéfait. J'avais alors environ treize ans. J'ai longtemps espéré une répétition de cette grâce paternelle, mais en vain !

Ce prince de génie, dont les conceptions politiques et la manière de conduire les négociations utiles à la Belgique gagnaient l'admiration, sinon de ceux à qui elles étaient avantageuses, du moins des hautes intelligences des autres pays, était singulièrement minutieux dans les petites choses. Il s'accrochait à ses idées et à ses préoccupations personnelles avec la plus grande obstination. Je l'ai vu s'occuper de la gestion des jardins de Laeken avec la plus grande attention portée à chaque détail.

De grosses pêches juteuses poussaient sur les murs des jardins et le roi en était très fier. J'avais une passion pour les pêches et un jour j'ai osé en manger une qui était cachée parmi les feuilles. Et cette année-là, les pêches étaient abondantes. Mais le lendemain, le roi découvre le vol : quel moment dramatique ! Immédiatement soupçonné, j'ai avoué mon crime et j'ai été promptement puni. Je n'avais pas réalisé que le Roi comptait ses pêches !

Ce grand réaliste avait un esprit réaliste et le matérialisme l'a poussé vers l'idéalisme. Je ne me permettrai pas un seul instant de supposer qu'il ne croyait pas en Dieu, mais il avait certainement une conception du Créateur différente de celle de la Reine. Elle a beaucoup souffert de cette attitude de son mari, mais il a persisté dans sa façon de penser.

Le dimanche, il assistait à la messe ; il considérait que c'était un exemple qu'il devait à la Cour et au peuple. Parfois, il accompagnait la reine au service divin, emmenant avec lui « Squib », un petit terrier que la reine aimait beaucoup et dont le roi parlait toujours comme d'une personne. Il l'appelait "Le Cracmol".

C'était un spectacle de voir le grand homme tenant le petit chien sous son bras – le petit animal trop terrifié pour bouger. Ainsi, l'un soutenant l'autre, ils entendirent tous deux la messe assise à côté de la reine, qui ne trouvait assurément pas cela un procédé très religieux. La messe terminée, le roi, portant toujours Squib, traversait les salons de réception jusqu'à la salle à manger, où il déposait gravement le petit chien sur les genoux de la reine.

En ce qui concerne la politique du Roi, je connaissais et comprenais seulement celle qui concernait le Congo. Je connaissais les espoirs et les craintes alternées qui traversaient l'esprit de l'auteur de cette gigantesque entreprise. C'était le seul sujet de conversation autour de moi, et il était toujours évoqué en retenant mon souffle ; mais les choses dont on parle ainsi sont, je crois, celles dont on entend le plus parler.

Je sais que la fortune royale et celle de ma tante l'impératrice Charlotte, qui était administrée par le roi, furent employées autrefois, non sans quelques risques, à l'acquisition et à l'organisation des possessions que les grandes puissances disputèrent ensuite à la Belgique. C'étaient des jours anxieux pour le roi. Il manœuvre habilement entre les puissances. L'histoire connaît la valeur de son œuvre ; elle se rend compte à quel point il était un profond politicien. La Belgique officielle ne s'en souvient pas, mais le peuple n'a jamais oublié. J'ai confiance en l'âme de la Belgique, la Belgique qui a montré sa grandeur dans les années 1914-1918. Le roi Léopold II recevra un jour la reconnaissance qu'il mérite dans le pays qu'il a enrichi et qu'il a toujours voulu fortifier contre les dangers de la guerre.

Les échecs privés de l'homme n'ont fait que nuire à lui-même et à sa famille ; son peuple n'a jamais souffert à cause d'eux. Ils ont même profité des richesses immenses qu'il a plu au roi d'attribuer à son pays, sans se soucier de la justice de réserver la part qui appartenait à ses filles, qu'il excluait de la famille belge.

Photo : Numa Blanc
ROI LÉOPOLD II DE BELGIQUE

Nous touchons ici à un côté du caractère du roi qui est considéré par les psychologues comme contre nature et qui est semblable à la législation dont le gouvernement belge s'est prévalu dans des circonstances similaires, législation contraire aux lois morales de la justice et de l'équité.

L'excuse de la Belgique — s'il peut y avoir une excuse à cette illégalité — était que le roi lui-même avait outrepassé ses droits.

J'ai lu, sous la signature d'un journaliste, qu'avant même son mariage, le roi avait déclaré qu'il n'accepterait jamais aucun bénéfice de la bourse royale et que ses revenus, de quelque source qu'ils proviennent, ne devaient pas profiter à l'État. ses descendants.

C'est une histoire étonnante et une pure invention. Un roi est un homme comme les autres hommes ; la valeur de son poste repose sur ses qualifications. Le roi aurait pu se ruiner ou s'enrichir. C'était un génie, et c'est pour cela que ses filles ont pu être — et ont été effectivement — privées d'une fortune qui leur appartenait en partie de droit, et qui servait au développement d'une entreprise commerciale par l'audace colossale de leur père !

Mais pourquoi le roi aurait-il voulu déshériter ses filles et les priver de son immense richesse ? La raison doit être clairement indiquée.

Le Roi avait longtemps souhaité que nos fortunes (celles de mes sœurs et moi-même) fussent réduites au minimum de ce qu'il jugeait commode de nous assigner, c'est-à-dire bien au-dessous de ce que nos besoins exigeaient, car, après la mort de notre frère Léopold, il ne voyait en nous que des obstacles à sa propre ambition et il était tourmenté par le fait qu'il n'avait pas de descendant mâle.

J'ai été le seul à remarquer, pendant les années qui suivirent la mort de son fils, que le roi se comportait en diverses occasions d'une manière différente envers la reine ; il était plus aimable et était plus fréquemment en sa compagnie. Étant maintenant devenue une femme, je peux comprendre la vraie raison de cela !

Clémentine est venue au monde ; sa naissance fut précédée de bien des espoirs vains, mais lorsque l'enfant tant désiré arriva, c'était à nouveau une fille !

Le roi était furieux et refusait désormais toute relation avec son admirable épouse à qui Dieu avait refusé un fils. Quel mystère de tribulation humaine !

Quant aux filles nées de l'union royale, elles furent simplement acceptées et tolérées, mais le cœur du roi ne s'adoucit jamais à leur égard. En même temps, nous n'étions pas totalement exclus de ses pensées. Les sentiments de notre père, en ce qui nous concernait, variaient selon les circonstances, et, notamment dans mon cas, selon les diverses calomnies et intrigues. Ma sœur Stéphanie a également souffert de cette façon.

Nous nous sommes mariés tous les deux très jeunes et, vivant comme nous le faisions à distance, nous étions privés de la possibilité de voir constamment le roi, de sorte que nous ne pouvions naturellement pas prétendre être l'objet de son souvenir constant. Nous risquions donc d'être facilement calomniés par des courtisanes sans scrupules, influentes auprès du roi et à la solde de nos ennemis.

Clémentine était dans une bien meilleure position. Elle reçut toute la tendresse que le roi était enclin à accorder au seul de ses enfants qui restât avec lui, qui lui témoignait l'affection d'une fille et qui soutenait en outre les traditions de la maison royale, devoir qui, en l'absence de la reine, fille d'une telle mère, était seule à pouvoir l'accomplir.

CHAPITRE V
Mon pays et les jours de ma jeunesse

Il y a plus de quarante-cinq ans que, depuis mon mariage, le destin m'a exilé de mon pays natal. Je n'ai jamais revisité la Belgique, sauf en la traversant, et souvent dans des circonstances très pénibles.

Bien! Je fermerai les yeux et reviendrai en imagination au Château de Laeken , et à une certaine allée du parc ; J'irai de même vers un sentier particulier de la forêt de Soignies ; il y a là des arbres, des pierres et des toits qui me semblent être ceux que j'ai connus autrefois.

Un chêne a été planté à Laeken pour commémorer la naissance de mon frère et la naissance de chacune de mes sœurs et de moi-même. Il y avait longtemps que je n'avais pas vu ces arbres ainsi dédiés, jusqu'à ce que je me trouve en Belgique quelques jours après la mort du roi. Accompagné de ce vieil ami d'enfance, le précepteur de mon frère, le général Donny, je fis une excursion à Laeken , et je revis, avec quels souvenirs doux-amers, le petit jardin autrefois entretenu par mon frère et moi, qui avait été pieusement conservé dans son état d'origine. Était-ce une preuve muette du souvenir du roi, ou de la fidélité de quelques vieux serviteurs ? Dans mon chagrin, je ne me demandais pas à qui le petit jardin devait sa conservation. Mes larmes seules parlaient.

Quand je me suis tenu devant nos chênes "d'anniversaire", je n'en ai vu que trois !

On me dit que par une extraordinaire coïncidence celui qui marqua la naissance de mon frère était mort, comme lui, alors qu'il était tout jeune. Parmi les autres, le mien était fort et vigoureux ; Celui de Stéphanie avait eu le malheur de devenir un peu tordu, mais celui de Clémentine était tout à fait normal. J'ose dire que les trois chênes sont des emblèmes de notre destinée en ce qui concerne notre vie intérieure, qui ont été ignorées et incomprises par les hommes, mais qui comme la Nature restent confiantes en Dieu. Ces trois chênes, et le quatrième, aujourd'hui mort, m'ont toujours troublé depuis le jour où je les ai revus.

Quoi qu'ils soient, je les envie maintenant ! Ils ont grandi, ils ont vécu, ils fleurissent encore sur le sol sacré de mes disparus, sauf un, dont l'absence est si expressive. J'aimerais les revoir et vivre, sinon à proximité d'eux, du moins à l'ombre des autres chênes qui poussent dans mon pays bien-aimé.

Que je puisse y finir mes jours et retrouver ma mère adorée et ma vive jeunesse dans les forêts, les campagnes ou les villages que nous avons traversés si souvent ensemble. C'est elle qui m'a appris les secrets de la nature, et c'est ainsi que la vie de la nature et la vie de la Belgique, les merveilles de l'univers et la vie de la société me furent révélées. La Reine a aimé et m'a appris à aimer notre pays héroïque, dont la défense de sa liberté dans les siècles passés constitue l'un des épisodes les plus touchants de l'histoire.

Et j'ai hérité d'un souhait ardent que mon pays ne devienne jamais asservi.

Je sais que le bon peuple de Belgique m'a reproché, comme si c'était ma faute, d'avoir déserté notre pays. Ceux qui m'ont connu dans ma jeunesse ont cru que j'avais été transplanté dans un monde étrange et brillant où j'avais oublié ma terre natale. Puis les drames et les scandales dans lesquels j'ai été entraîné sur la barrière de l'incompréhension et de la calomnie, m'ont pour certains transformé en une pécheresse, pour qui ce n'était pas une punition suffisante de lui interdire de voir sa mère mourante en la gardant comme une prisonnière saine d'esprit. une maison de fous. Une telle femme méritait d'être rayée de la surface de la terre !

Ah, pauvre misérable humanité, si pleine de mal toi-même que tu ne vois que du mal chez les autres, quel a été mon crime ?

Je ne voudrais pas, je ne pourrais pas vivre sous le toit conjugal. J'ai enduré ma vie, je me suis sacrifié aussi longtemps que j'ai pu, parce que je savais que j'avais un devoir envers mes enfants, mais une fois qu'ils ont grandi, l'horreur de ma vie a augmenté chaque jour. Mon crime a consisté à écouter un homme unique, le chevalier idéal qui m'a empêché de commettre des erreurs que j'ai résolu d'oublier et de faire comme tant d'autres.

Dans mon palais, ou ailleurs, j'aurais pu être l'héroïne d'aventures discrètes et multiples. Ce comportement aurait été conforme au code des hautes convenances, et Dieu sait que les opportunités abondaient. Mais je n'étais pas un hypocrite et très vite je me suis retrouvé face à des hypocrites, des légions innombrables. J'ai aussi reçu leurs confidences irritantes et trompeuses.

Ainsi la calomnie accomplit son œuvre détestable. Une persécution implacable, se masquant derrière l'indignation simulée d'une fausse morale, commençait à m'assaillir.

Pour moi, l'un des actes les plus cruels fut l'attaque violente lancée par mes détracteurs contre le Roi et la Reine et contre l'opinion publique en Belgique.

Une telle chose serait-elle possible ? Je me suis retrouvé exilé de mon pays, emprisonné et traité de fou, car tout le monde était déterminé à ce que je le devienne.

C'est à toi, ma mère, martyre et sainte, et à quelque force morale sublime, que je dois ma résistance. Vous m'avez armé pour la lutte en ne me laissant jamais oublier les devoirs essentiels de la vie que vous m'aviez enseignés. Je leur suis resté fidèle. Mais j'ai horriblement souffert depuis le jour où même vous ne compreniez pas ma rébellion. J'ai été réprimé par le monde. Intelligemment exploité, toutes les apparences étaient contre moi. Mes ennemis vous disaient : « Elle est perdue, elle est folle, les médecins l'ont dit.

Quels médecins, *mon Dieu* ? La vérité sur ces médecins a été révélée par la suite.

Ah ! certaines personnes envient les princesses. Ils devraient plutôt les plaindre. J'en connais quelqu'un pour qui il n'y a pas eu de justice dans ce monde. Les droits ordinaires lui ont été refusés. La loi du monde n'était pas une loi pour elle, sauf lorsqu'elle pouvait être utilisée contre elle.

Oui, victime d'un abominable complot d'une cruauté si extrême que la raison peut à peine concevoir la possibilité ; Je n'avais pas le droit de retourner dans ma Belgique bien-aimée au moment où j'appris, malgré mes persécuteurs, que ma mère se mourait à Spa ; Je n'ai pas pu recevoir sa dernière bénédiction, je n'ai même pas eu le droit de suivre son cercueil... jusqu'au tombeau !

Si je ne suis pas devenu fou dans mon asile, c'est parce que je n'étais pas destiné à le devenir ; Je ne pouvais pas devenir fou. Mais je tremble encore quand j'y pense.

Plus tard, alors que le roi mourait, je recouvrai ma liberté, et ma liberté fut obtenue par mon ami, un ami sans égal, qui, une fois m'ayant sauvé de moi-même, me sauva maintenant de la prison et de la folie, après avoir presque succomba sous les coups de la haine et de la persécution.

Mais ma liberté constituait un nouveau crime ; ma fidélité à un idéal incarné dans une dévotion sans réserve constituait un péché supplémentaire.

Lorsque j'ai assisté aux funérailles de mon père, j'ai été constamment surveillé. J'étais limité à une certaine région de mon pays natal. La fille aînée du grand Roi que la Belgique venait de perdre fut reçue avec politesse par un policier en tenue de cour !

Ah non! Je n'incrimine personne, pas même les domestiques dont j'avais autrefois connu la courtoisie. Je sais combien il est tentant et profitable d'induire les princes en erreur, et quelle puissance il y a dans les mauvais conseils quand ils sont donnés avec un air de dévotion. J'explique seulement pourquoi je ne suis pas resté dans mon pays bien-aimé.

Enfin l'affreuse guerre éclata, à la suite des débats sur l'héritage du Roi, et je fus aussitôt réprimé d'autant plus définitivement par la nation belge qu'à mes autres abominations, j'avais ajouté le péché impardonnable de croire que la justice existait en Belgique.

J'étais prisonnier à Munich, où je ne pouvais rien faire. J'ai été surprise en Bavière par les hostilités et traitée comme une princesse belge, c'est-à-dire très mal, comme on le verra plus tard.

A Bruxelles, je devins princesse ennemie, et dès l'armistice je fus proclamée étrangère dans mon pays natal aux intérêts duquel j'avais été sacrifiée à l'âge de dix-sept ans, et je me voyais aussi privée de l'héritage qui m'était dû. serait devenu le mien à la mort de ma tante, l'impératrice Charlotte du Mexique.

Mais c'est une question d'histoire que mon mariage avec le prince de Cobourg fut annulé en 1907 par la décision du tribunal spécial de Gotha, jugeant selon les "Droits des Princes", et que cette annulation fut transmise à la Cour de Vienne. . Le divorce fut ratifié par toutes les formes minutieuses du droit des tribunaux et par les anciens statuts de l'Autriche. Le Roi m'a officiellement rendu mon titre de Princesse de Belgique.

Cela ne voulait rien dire ; à Bruxelles, on n'en a pas tenu compte.

C'est un fait que la loi hongroise ne reconnaît pas les « droits des princes » et la procédure de Gotha ; en raison des possessions de la famille Coburg en Hongrie, je suis toujours princesse de Coburg.

Je me perds dans cette toile dans laquelle je suis empêtré, mais le bon sens me dit que la disparition de la monarchie austro-hongroise et la séparation de l'Autriche de la Hongrie ont mis fin à « l'État mixte » et à la position de « sujet mixte » qui fut celui du prince de Cobourg.

Par ses ancêtres, ce prince « autrichien », le duc Philippe de Saxe-Cobourg et Gotha, est d'origine franco-allemande et non hongroise. L'union princière annulée, l'union civile dissoute, je me sens délivré, et que j'ai retrouvé ma nationalité belge, grâce à la bonne volonté du Roi lui-même.

Ils ont voulu ignorer cela à Bruxelles. On m'a traité de Hongrois parce que le prince de Cobourg a possédé des domaines en Hongrie. N'aurait-on pas aussi bien pu me déclarer Turc ou Chinois s'il possédait des domaines en Turquie ou en Chine ?

Je remets cela en question ; Je ne fais aucun reproche, surtout au principe de l'autorité supérieure, pour la bonne raison que cela s'est produit dans un État dont le roi et la reine s'étaient retirés devant l'envahisseur pour défendre leur pays (on sait avec quel courage et avec quel abnégation) de l'extrême frontière que leur a laissée un ennemi conquérant. Ils revinrent triomphants, animés par la joie de la victoire. Ils n'eurent que le temps de s'occuper de questions générales et capitales. J'aimerais penser que l'attitude adoptée à mon égard n'est que le résultat d'un destin qui veut que je devienne un étranger dans mon propre pays.

J'ai pleuré sur ce pays si cher à mon cœur, en 1914. Je crois que ses erreurs à mon égard ont ajouté à ses malheurs. Je sais que le jugement de Bruxelles, qui m'a refusé ma part des biens de mon père, a suscité une amère indignation à Berlin. Mon gendre, le duc de Schleswig-Holstein, beau-frère de l'empereur

Guillaume II, comptait sur la succession du grand-père de sa femme. Je peux seulement dire que la colère du souverain allemand contre la résistance de la Belgique fut accrue par le souvenir de la tromperie d'un de ses parents, pour lequel il était assez sévère, et cela l'a peut-être décidé à écraser la petite nation qui a osé s'opposer à la violation de sa neutralité.

Mais cela n'a pas aidé à rappeler à la raison et à l'humanité l'irritable Guillaume II, car ce misérable homme, que je connais depuis mon enfance, était absolument convaincu de son rôle de fléau désigné de Dieu et d'invincible redresseur de justice sur le terrain. champ de bataille.

* * * * *

Oublions un instant ces misères et ces souffrances et parlons du temps où j'étais heureux dans mon heureux pays, du temps où je faisais des excursions avec la reine et où je « découvrais » le royaume de mes parents.

Quelle joie quand je pouvais conduire comme ma mère ! J'avais alors à peine quatorze ans et j'étais son élève. Nous faisions fréquemment des excursions à travers notre chère Belgique, du petit matin jusque tard dans la soirée. Deux ou trois voitures royales suivaient. Le premier était conduit par la Reine, le second par moi-même, et le troisième par un officier, une des dames d'honneur, ou, plus tard, par ma sœur Clémentine . Le docteur Wiemmer , compatriote et ami dévoué de la Reine qui l'accompagnait à la Cour de Belgique, nous accompagnait souvent, ainsi que le bon général Donny et le général Van den Smissin , ainsi que certaines demoiselles d' honneur et autres membres de confiance de notre entourage. Nous nous sommes arrêtés selon notre fantaisie. La forêt de Soignies , les environs de Spa et les Ardennes ont vu maintes fois la Reine assise sur l'herbe dans quelque charmante clairière, grignotant un des fameux *pistolets* qui font la renommée de Bruxelles et qui sortaient du Boulangeries royales (quels délicieux gâteaux on y faisait ! Je peux encore les goûter). Comme la Belgique était alors belle et quel air pur nous rafraîchissait. Avec quelle impatience j'attendais l'avenir.

Lors de ces longues excursions, la reine emportait une carte et traçait elle-même l'itinéraire avec l'habileté d'un officier d'état-major ; elle nous a également appris, à moi et à mes sœurs, comment nous repérer.

A cette époque, l'automobile n'avait pas encore ravagé le monde. Je suis tombé sur cette remarque stupéfiante d'un Français : « La vitesse est l'aristocratie du mouvement ». Autant dire : « L'irréflexion est l'aristocratie de la pensée ». L'automobile est sans doute un bénéfice individuel occasionnel, mais je la considère comme un fléau général. A côté de la satisfaction qu'elle procure, elle bouleverse l'existence en la précipitant.

A l'époque où l'on utilisait constamment les véhicules hippomobiles , nous avions d'autres impressions d'une journée d'excursion que celles que nous avons après trois semaines de course automobile fiévreuse, lorsque nous nous arrêtons dans divers palais, roulons entre d'interminables rangées de peupliers. , entrecoupé de visions fugaces de champs, de maisons et de basse-cour, et où nous sommes torturés par la peur d'être désordonné par le vent et éclaboussé par la boue.

Cela fait près d'un demi-siècle que le cheval était l'ornement et le confort de la meilleure société européenne. L'exemple de la reine de Belgique comptait alors pour quelque chose.

En France, la famille d'Orléans — qui est apparentée à la nôtre — et le duc et la duchesse de Chartres ont mené la mode non seulement à Cannes, mais en Normandie et dans la délicieuse région de Chantilly. La duchesse montait toujours avec une admirable tenue de cavalerie. Je me souviens bien de ses yeux noirs, de ses traits purs et de sa personnalité éblouissante qui étaient un mélange de charme naturel et de distinction innée.

Le prince de Joinville, si artistique, si spirituel, était doué de l'esprit le plus exquis et le plus galant. Il m'accorda une attention particulière, ainsi que son frère le duc de Montpensier . Nous étions un trio très gai, et les membres les plus sérieux de la famille avaient l'habitude de nous jeter des regards sévères.

L'évocation de la famille d'Orléans me rappelle le plus indulgent, le plus grand noble de tous, le duc . d'Aumale , un ami fidèle de la Belgique et souvent notre hôte. Oh! quel caractère loyal et noble la République française refusait de reconnaître en lui. Sa vengeance fut d'accabler de bonté son pays ingrat. J'ai vécu sous son toit et je pense à lui avec la plus grande tendresse. Je me revois encore dans une chambre du rez-de-chaussée donnant sur les douves de Chantilly, où cet hôte princier s'entourait de tout ce qui compte en France, et où il faisait de merveilleuses réceptions, comptant souvent parmi ses invités le magnifique prince de Condé, qu'il honorait et qu'il avait presque ramené à la vie.

La Reine et le Duc d'Aumale étaient très attachés l'un à l'autre. Lorsque l'amertume d'une situation difficile lui rendit la vie d'abord difficile, puis impossible, à cause de l'oubli du roi sur ce qui était dû de l'homme au prince, le duc d'Aumale était une de ces amies précieuses dont la compréhension délicate et les pensées fidèles consolaient son impuissance.

Bien que dévoué au Duc d'Aumale , j'ai aussi connu intimement la comtesse de Paris, chez qui j'ai séjourné au Château d'Eu . C'était une femme excentrique, d'apparence plutôt étrange, mais d'un caractère joyeux et vif.

Une autre dame de la famille d'Orléans qui m'est devenue familière au début de ma vie était la princesse Clémentine de mémoire respectée, fille du roi Louis Philippe et épouse du prince Auguste de Cobourg. Je suis devenue sa belle-fille par mon mariage avec son fils aîné, et j'espérais ardemment qu'elle serait pour moi une seconde mère. Il ne nous est venu à l'esprit ni l'un ni l'autre que son âge et ma jeunesse ne pouvaient être d'accord.

La gratitude me rappelle aussi mes proches parents le comte et la comtesse de Flandre , et leurs nombreuses bontés que je n'ai pas oubliées. Leurs nobles vies ont connu l'horrible tristesse de la destruction d'un avenir tendrement nourri. Mais Dieu leur a accordé des réserves d'espérance et d'affection.

J'étais presque en train d'oublier l'un des principaux souvenirs de ma première enfance : la reine Marie- Amélie , veuve du roi Louis-Philippe.

Cette dame royale, qui supporta avec tant de dignité sa perte et son exil, était mon arrière-grand-mère et ma marraine. Elle vivait retraitée à Claremont, près d'Esher .

Lorsque la Reine reçut la nouvelle de ma naissance, sa première question fut : « A-t-elle de petites oreilles ? Elle a exprimé le souhait que je sois nommée Louise Marie, en mémoire de sa fille, ma vénérée grand-mère, la première Reine des Belges.

Je peux encore imaginer ma douce vieille relation, avec ses boucles blanches visibles sous un bonnet en dentelle à larges bords. Je revois le petit déjeuner posé à côté du fauteuil profond, et je me souviens du « pain à la Grecque » qu'elle me donnait quand j'avais été sage.

Puis le poney fut ramené, et ma cousine Blanche de Nemours et moi fûmes installées dans les doubles sacoches et emmenées pour notre promenade quotidienne dans les allées ombragées du grand parc.

La reine avait pour lectrice Mlle Müser , une Allemande, qui était l'amie fidèle et la compagne constante de sa vieillesse. J'étais très jeune à cette époque, certes pas plus de quatre ans, mais j'ai religieusement gardé dans mon souvenir le visage, la voix et la tendresse de mon arrière-grand-mère, Marie Amélie , reine de France.

Comme chacun le sait, mes deux sœurs, dont je me souviens toujours en ces temps heureux où l'on ignorait encore ce qu'on appelle la vie, sont toutes deux mariées. Stéphanie , comme moi, s'est mariée très tôt, et Clémentine beaucoup plus tard.

Stéphanie enfant, jeune fille et jeune femme était la plus belle. Clémentine , qui était aussi belle, possédait le plus de charme. Le destin lui a souri. Sa vie avec le roi lui a donné une perspicacité et des conseils dont nous n'avons jamais bénéficié. Chaque vie a ses faveurs et ses chances à la loterie humaine.

Clémentine épousa le prince Victor Napoléon et les possibilités très variées attachées à un tel prénom.

de Stéphanie semblait brillant, non pas d'éventualités mais de certitudes. Je parle de son premier mari, car elle s'est mariée deux fois. Pour la première fois, elle a eu la chance d'épouser un homme intelligent, beau et chevaleresque, qui était peut-être la personnalité la plus remarquable de son temps. Il partagea avec elle la couronne de Charles-Quint et les trônes d'Autriche-Hongrie... couronne et trônes ont disparu, comme bannis par la baguette de quelque magicien infernal, et ma sœur reste connue dans l'histoire comme la veuve de l'Archiduc. Rodolphe. Elle n'avait que vingt-cinq ans lorsqu'il mourut.

LA COMTESSE LONYAY
(Princesse Stéphanie de Belgique)
(Son premier mari était l'Archiduc Rodolphe d'Autriche)

Je n'ai rien dit sur la *mise en scène* au milieu de laquelle se déplaçaient les différents personnages qui faisaient appel à mon intelligence et à mon cœur à un âge où mon cœur et mon esprit étaient en expansion. Il n'y a rien à dire que ce qui est déjà bien connu.

L'endroit le plus intéressant pour moi dans mon enfance était le château de Laeken . Je n'ai pas de souvenirs agréables du Palais de Bruxelles, même si je n'ai pas oublié la galerie et les salons de réception, où les nombreux et beaux tableaux m'ont toujours intéressé, surtout celui de Charles Ier , de Van Dyck

, vêtu de noir, dans lequel visage pâle et noble, il me semblait lire le sort mélancolique qui éclipse certains monarques condamnés.

J'ai vu de nombreuses demeures princières et royales. Ils ressemblent tous à des musées et sont également fatigants. Mieux vaut avoir une chaumière et un petit Teniers que de posséder dix *salons* et cinq cents nappes de toile qui appartiennent à tout le monde.

J'étais heureux à Laeken parce que le travail devenait moins absorbant. Nous avions plus de liberté, plus d'espace. Je n'ai jamais hésité à courir ou à sauter dans les jardins et le parc dès mon plus jeune âge, et j'ai toujours pris les devants à la place de mon frère, qui semblait être la fille. J'étais fort, vif et plein de diablerie.

J'avais envie et envie d'apprendre. Mon habitude de poser des questions m'a valu le surnom de « Madame Pourquoi ». J'ai toujours aimé la vérité et la logique. Ma passion instinctive pour la vérité m'a poussé un jour à attaquer bec et ongles ma gouvernante parce qu'elle voulait me punir injustement. J'étais dans un tel état d'esprit que le Dr Wiemmer , appelé, décida de faire la lumière sur la cause de ma fureur. Il a conclu que j'avais raison en fait, sinon en action, et il a vu que mon caractère ne pouvait être dirigé que par la gentillesse, la franchise et la justice. La gouvernante a été renvoyée.

La Reine a rappelé à plusieurs reprises cet incident et les paroles du médecin.

Ce médecin si dévoué à ma famille et qui a disparu trop tôt a un jour sauvé la vie de ma sœur Stéphanie alors qu'elle était atteinte de la typhoïde, et quand elle allait mieux, le Roi et la Reine nous ont emmenés à Biarritz - un changement d'air étant nécessaire à notre convalescence. Ma sœur et moi partagions la même chambre face à la mer à la Villa Eugénie . J'avais treize ans, Stéphanie sept ans. On m'a confié le soin d'elle et la tâche de veiller à ce qu'elle ne prenne pas froid. Une nuit, un vent violent s'est levé qui, par ailleurs, a produit une terrible trombe. Au réveil, je me suis précipité vers la fenêtre qui était ouverte, en chemise de nuit. Le système de fermeture de la fenêtre ne fonctionnait pas, ou peut-être étais-je maladroit ; de toute façon, je n'arrivais pas à fermer la fenêtre. Le vent montait maintenant avec une telle fureur qu'à chaque instant j'étais rejeté dans la pièce. J'ai commencé à trembler car j'avais peur pour Stéphanie . Mais j'ai quand même continué à lutter contre la force de la tempête. Combien de temps cela a duré, je ne sais pas. Je me souviens seulement qu'ils m'ont trouvé gelé, trempé et grelottant, et qu'on m'a mis dans un lit chaud.

Mes yeux se sont fermés. J'entendis le Dr Wiemmer dire à la Reine : "Quelle enfant ! N'importe quelle autre aurait appelé ou sonné la cloche ! Elle ne souhaitait pas d'aide pour protéger sa sœur, et la tempête ne lui faisait pas peur. Elle écoutait seulement le voix du devoir, et elle n'a pas bronché.

Hélas! chacun de nous est fait selon son destin.

Le premier coup qui me fit comprendre la cruelle sévérité du Destin fut la mort de mon frère Léopold. J'avais pour lui les sentiments d'une sœur dévouée et « maternelle ».

Il était ma propriété, mon bien, mon enfant. Nous avons grandi ensemble. J'avais une autorité considérable sur lui car j'avais douze mois de plus que lui et il m'a toujours obéi.

Léopold, duc de Brabant et comte de Hainaut, adorait jouer à la poupée. J'ai de loin préféré jouer avec lui. Cependant mon oncle, l'archiduc Etienne, frère de ma mère, un des hommes les meilleurs et les plus distingués que la terre ait produits, nous a donné deux poupées hongroises. C'étaient des œuvres d'art de leur genre. Le mien fut baptisé Figaro, souvenir de Beaumarchais, l'ennemi des cours, qui le nomma ainsi ; pourquoi et pourquoi, je ne peux pas le dire. La poupée de mon frère a reçu le nom beaucoup plus modeste et romantique de « Irma ».

Il fut un temps où Figaro et Irma animaient le Château de Laeken . Ils ont même fait rire le roi. J'ai organisé des représentations avec Léopold, Irma et Figaro qui auraient rendu Bartholo jaloux.

Mon frère et moi étions heureux et légers, aussi heureux qu'il est possible de l'être à notre âge. Puis est arrivée la mort, qui a lacéré tout mon être, et le décès de mon frère bien-aimé dans sa neuvième année. Je me souviens alors que j'avais osé maudire Dieu et Le renier...

Léopold, beau, doux, sincère, tendre et intelligent, incarnait pour moi, après notre mère, tout ce qu'il y avait de plus précieux au monde : je ne pouvais pas plus concevoir l'existence sans lui que le jour sans lumière. Mais il ne pouvait pas rester... et je le pleure encore, même si cela fait plus de cinquante ans qu'il m'a quitté.

S'il avait vécu, comme les choses auraient été différentes !

Notre maison, ainsi foudroyée dans la descendance mâle de sa branche aînée, ne s'est jamais relevée de ce malheur. La Belgique se souviendra, dans les grandes œuvres qu'elle a accomplies, que mon grand-père et mon père ont fait d'elle ce qu'elle est.

Elle n'oubliera pas cet ange sur terre, ma grand-mère, l'immortelle reine Louise. De très nombreuses larmes ont été versées à sa mort et ont encore laissé leurs traces en Belgique.

De mon grand-père, je répéterai ce que M. Delehaye , président de la Chambre des Représentants, a dit dans son discours au Roi lors des magnifiques fêtes du 21 au 23 juillet 1856, pour célébrer le vingt-cinquième anniversaire de sa succession à la Chambre des Représentants. trône.

"Le 21 juillet 1831, la confiance et la joie éclatèrent lors de votre Sacre, et Sire, quoique alors seul sur votre trône avec vos éminentes qualités et la perspective de splendides alliances politiques, vous n'êtes pas seul aujourd'hui. Vous présentez au pays soutenu par vos deux fils et le souvenir de la Reine bien-aimée et regrettée comme mère, vous êtes entouré de la famille royale, d'alliances illustres, de confiance et de sympathie, vous êtes soutenu par des gouvernements étrangers, votre renommée s'est accrue plus grand, et vous possédez l'amour de la Belgique qui est devenu encore plus grand que n'importe quelle renommée, Sire, nous pouvons avoir confiance en l'avenir...."

Ne puis-je pas, ne dois-je pas, moi aussi, avoir confiance en l'avenir ?

J'en appelle à mes illustres ancêtres ; J'en appelle à la mémoire de la Reine ; J'en appelle à la mémoire du Roi, par qui, hélas ! J'ai été trop souvent nié et trahi. J'en appelle à ce monde où tout est illuminé pour l'âme libérée de la terre, qui seule verra clair pour moi.

CHAPITRE V I
Mon mariage et la cour autrichienne – le lendemain de mon mariage

J'avais à peine quinze ans lorsqu'il a été décidé que je me marierais. Le 25 mars 1874, j'étais officiellement fiancée au prince Philippe de Saxe-Cobourg ; le 18 février, j'entrais dans ma seizième année.

Mon fiancé a certainement fait preuve de persévérance. Il m'avait déjà fait deux propositions. Sa première fut répétée après un intervalle de deux ans. Le roi y répondit en lui conseillant de voyager. Le prince fit alors un tour du monde ; Ceci accompli, il renouvela sa demande. Encore une fois, on lui a demandé d'attendre.

M'épouser était devenu une idée fixe avec Philippe de Cobourg. Quel genre d'amour l'a inspiré ? Était-il attiré par le charme insaisissable de ma jeunesse virginale, ou la connaissance précise de la position du roi et la croyance dans l'avenir de ses entreprises attisent-elles la flamme dans le cœur d'un homme absolument absorbé par les choses matérielles ?

Les fiançailles étant arrangées, les deux familles intéressées (la mienne surtout), la Reine d'une part, et la Princesse Clémentine de l'autre, décidèrent que mon mariage ne serait célébré que douze mois plus tard. J'étais si jeune !

Mon fiancé avait quatorze ans de plus que moi. Quatorze ans de différence ne comptent peut-être pas beaucoup entre une jeune femme de vingt-cinq ans et un homme de trente-neuf ans ; c'est pourtant beaucoup entre une jeune fille innocente de dix-sept ans et un amant de trente et un ans.

Je n'ai eu que des aperçus occasionnels de mon fiancé lors de ses rapides visites à Bruxelles. Nos conversations ne comptaient pas ; c'étaient simplement celles qu'un homme de son âge aurait avec une de mes filles. Mais je pensais que je le connaissais bien. Nous étions cousins. Ceci constituait la première difficulté, car la sanction de l'Église de Rome était nécessaire au mariage. Elle a été demandée et obtenue. C'est la coutume dans de tels cas.

Mon fiancé m'a quitté pour terminer les études nécessaires à mes débuts réussis dans un monde étrange. Et quel monde ! La cour la plus courtoise de l'univers. Une Cour hantée par les ombres de Charles Quint et de Marie-Thérèse ! Une Cour où l'étiquette espagnole s'alliait à la discipline allemande. Empereur dont la grandeur avait été augmentée plutôt que diminuée par ses revers militaires, tant il supporta bien ses malheurs. Une impératrice qui était reine des reines en raison de ses perfections incontestées. Et autour d'eux une foule d'archiducs et d'archiduchesses, de princes, de ducs et de gentilshommes portant les plus hauts titres du pays.

Tout cela était très impressionnant pour une princesse belge qui ne regrettait pas ses robes courtes, car on ne les regrette jamais quand c'est la mode de porter des robes longues, mais qui était néanmoins très étonnée de se retrouver habillée comme une grande fille.

Cependant, je n'étais ni gêné ni nerveux ; J'ai tout regardé avec les yeux d'une fille qui ne s'intéresse qu'à ses fiançailles et à son amant.

J'aurais épousé le prince, si on me l'avait demandé, le jour même où j'ai reçu sa première bague. Je me serais présenté devant le bourgmestre et le cardinal avec le même empressement qu'un an plus tard.

Saine de corps et pure d'esprit, élevée dans une atmosphère de sincérité et de moralité sous les soins d'une mère incomparable, mais privée, en raison de mon rang, d'amis plus ou moins éclairés qui auraient déposé en moi certaines confiances féminines, je j'ai donné toute mon âme à mon prochain mariage sans me soucier de ce que le mariage pourrait signifier. Je n'étais plus une créature de cette terre. J'ai créé une étoile où mon fiancé et moi vivrions ensemble dans une divine atmosphère de bonheur. L'homme qui devait être mon compagnon sur le chemin enchanté de la vie me semblait l'incarnation de tout ce qui était beau, loyal, généreux, et je le considérais aussi innocent que moi.

Mes heures de martyre et mes querelles désolantes devaient survenir plus tard, lorsque les recoins les plus intimes de mon cœur furent dévoilés par les barbares du tribunal de police, qui firent un usage scandaleux de mes lettres écrites après mes fiançailles. Ces lettres exprimaient mon amour. J'avais écrit à l'homme choisi par mes parents comme j'aurais écrit à un archange destiné à m'épouser. Je l'ai paré de la beauté de mes plus beaux désirs. Je l'ai transfiguré.

Les sauvages ont eu l'audace de déduire de ces expressions d'affection que j'étais un être instable et fourbe.

J'ai posé cette question aux femmes. Entre l'amour tel que nous le concevons et l'amour tel que nous le vivons, n'y a-t-il pas bien souvent un abîme ?

J'ai été coupable, criminel et infâme pour tomber dans cet abîme. Telle est la vraie vérité.

Pourquoi ma mère, qui était si bonne, et pourquoi le roi, si expérimenté dans la nature humaine, a-t-il souhaité ce mariage, malgré la disproportion de nos âges et le peu de prétentions à l'admiration universelle que possédait mon futur époux. , en dehors de ses prétentions à une position mondaine ?

En premier lieu, sa mère, qui, à juste titre, l'aimait et le respectait, plaidait pour lui. Elle lui attribuait certaines de ses propres qualités.

En second lieu, le prince Frédéric de Hohenzollern avait exprimé le désir de me demander en mariage. Le roi et la reine, qui en furent informés, ne voulurent pas, pour diverses raisons, s'allier davantage à la maison de Berlin. D'autres prétendants, plus ou moins désirables, pourraient également apparaître. C'est pourquoi, pour mettre un terme à ce projet particulier et à toute incertitude future, j'ai été confié à Philippe de Cobourg.

La reine se félicitait en outre d'avoir envoyé sa fille aînée à la cour de Vienne où elle avait elle-même brillé. Elle y possédait encore de l'influence et elle pensait que j'en bénéficierais. Elle était encore plus satisfaite de penser que, grâce aux domaines des Cobourg en Hongrie, je posséderais des avantages matériels dans le pays cher à sa mémoire, et où elle pourrait souvent me rejoindre, peut-être même où elle pourrait se retirer, puisqu'elle prévoyait un avenir qui allait progressivement devenir de plus en plus difficile.

Mon fiancé est de nouveau apparu à mon horizon. Une année passe vite. La date de mon mariage approchait. Je connaissais toutes les fleurs de la rhétorique et les fleurs de serre d'une cour quotidienne. Mais je me suis demandé : pourquoi la reine ne nous a-t-elle jamais laissés seuls, l'archange et moi ?

Mon fiancé m'a parlé de ses voyages. Il avait, dit-il, rapporté de merveilleuses collections de souvenirs. Mais je n'ai su à quel point c'était merveilleux que plus tard. Il me parla également de ses projets d'avenir, des nombreuses propriétés des Cobourg , etc. Je me livrai à de délicieuses espérances et décrivis la magnificence de mon trousseau, enrichi de dons féeriques de dentelles belges et de broderies complexes. .

Enfin j'essayai sur la symbolique robe blanche, sous un voile céleste, un *chef-d'œuvre* de dentelle de Bruxelles, et je fus reconnue apte à diriger ma longue traîne et à faire mes révérences aussi bien que la plus gracieuse des demoiselles célèbres. de Saint-Cyr.

Chargé de bijoux, je m'envolais de plus en plus haut, flatté d'hommages, de félicitations et de bons vœux, sans m'apercevoir que, bien que mon fiancé fût tellement plus âgé que moi, j'étais désormais devenu une certaine personnalité dans ses rêves et dans ses pensées.

J'étais loué de toutes parts en vers et en prose, avec ou sans musique, et il semblait que j'étais une « fleur d'une beauté radieuse ». J'ai été assez impressionné par cette phrase.

Quant à mon mari, on louait aussi son maintien, sa noblesse et son prestige. Je me souviens qu'il portait son uniforme militaire hongrois lorsque nous reçumes le bourgmestre de Bruxelles , le célèbre M. Ausbach , venu le 4 février 1873 nous épouser selon le code civil. Puis, en grande pompe, nous nous sommes présentés devant le Cardinal Primat de Belgique.

Un autel fut érigé dans le grand salon voisin de la salle de bal. Je ne dirai rien des décorations. Les chants et les prières m'ont porté au paradis, même si je n'ai en aucun cas oublié le rituel de mon mariage et que j'étais le point de mire de tous les yeux. Ce n'était pas un public de rois, mais de princes. A la place des souverains que leur grandeur retenait à l'écart, leurs plus proches parents étaient présents ; le prince de Galles, le prince héritier Frédéric, l'archiduc Joseph, le duc d'Aumale , le duc de Saxe-Cobourg, et enfin une foule nombreuse de ces notables qui figurent dans les pages de l' *Almanach de Gotha* .

Si je commençais une fois à décrire les détails d'une cérémonie de cette ampleur, je ne finirais jamais. Personnellement, cela ne m'a pas beaucoup attiré. Je suis toujours surpris quand, à l'ouverture d'un roman moderne, je remarque la peine que les gens intelligents prennent pour décrire le somptueux rituel du mariage moderne. Je ne connais qu'une seule description appropriée de cette nature : celle de la « Belle au bois dormant ». La Belle Fortunée, dont la Cour et elle-même furent endormies juste au moment crucial d'un mariage qui n'aurait peut-être pas été heureux.

Mais où sont les fées maintenant et où sont les bêtes qui savent parler ?

Hélas! les fées ont disparu et les bêtes ne parlent plus, sauf les bêtes cachées dans nos âmes, et elles ne racontent pas de jolies fables et de jolies histoires. Ils se livrent plutôt à des réalités désagréables.

J'ai mis du temps à en arriver là, mais coûte que coûte, il me faut parler de choses qui n'ont encore jamais été racontées, mais qui expliqueront comment ont été posées les bases du drame de mon histoire. vie.

Il y a eu des allusions à ce drame autrefois, mais je ne parlerai pas des vagues bavardages qui amusaient plutôt qu'attristaient Bruxelles et sa Cour.

Je ne suis pas, j'en suis sûr, la première femme qui, après avoir vécu dans les nuages lors de ses fiançailles, soit aussi soudainement jetée à terre lors de sa nuit de noces, et qui, meurtrie et mutilée dans son âme, ait fui l'humanité en larmes.

Je ne suis pas la première femme qui ait été victime d'une fausse pudeur et d'une réserve excessive, imputables peut-être à l'espoir que la délicatesse d'un mari, combinée à des instincts naturels, arrangeraient tout pour elle, mais à qui sa mère n'a rien dit de que se passe-t-il lorsque l'heure des amoureux a sonné.

Il n'en demeure pas moins que le soir de mon mariage au Château de Laeken
, alors que tout Bruxelles dansait au milieu de lumières et d'illuminations, je
suis tombé de mon ciel d'amour dans ce qui était pour moi un lit de rocher
et un matelas d'épines. Psyché, qui était la plus coupable, fut mieux traitée
que moi.

A peine le jour commençait-il que, profitant d'un moment où j'étais seul dans
la chambre nuptiale, je m'enfuis à travers le parc, pieds nus dans des
pantoufles, et, enveloppé dans un manteau jeté sur ma chemise de nuit,
j'allai... me cacher. ma honte à l'Orangerie. J'ai trouvé refuge au milieu des
camélias, et j'ai murmuré ma douleur, mon désespoir et ma torture, à leur
blancheur, leur fraîcheur, leur parfum et leur pureté, à tout ce qu'ils
représentaient de douceur et d'affection, tandis qu'ils fleurissaient en la serre,
et illuminait l'aube de l'hiver d'une chaleur, d'un silence et d'une beauté qui
me rendaient un peu de mon paradis perdu.

Une sentinelle avait aperçu une forme grise qui filait devant lui en direction
de l'Orangerie. Il s'est approché et, en écoutant, il a reconnu ma voix. Il
courut au château. Personne ne savait ce que j'étais devenu. Déjà, l'alerte avait
été discrètement donnée. Un messager galopait vers Bruxelles. Le téléphone
n'était pas alors inventé.

La Reine est venue me voir sans tarder. Mon Dieu! dans quel état j'étais
lorsque j'ai regagné mon appartement ; Je ne laisserais personne s'approcher
de moi, sauf mes servantes. J'étais plus mort que vivant.

Ma mère est restée longtemps avec moi ; elle était aussi maternelle qu'elle
seule pouvait l'être. Il n'y avait pas de chagrin que ses bras et sa voix ne
pouvaient apaiser. Je l'écoutais me gronder, me cajoler et me parler de devoirs
qu'il était impératif que je comprenne. Je n'ai pas osé m'y opposer sous
prétexte qu'ils étaient totalement différents de ceux auxquels j'avais été amené
à m'attendre.

J'ai fini en promettant d'essayer de vaincre mes peurs, d'être plus sage et
moins enfantin.

J'avais à peine dix-sept ans ; mon mari avait terminé sa trente et unième
année. J'étais devenu « ses biens et ses biens ». On voit, hélas ! comment il
m'a traité.

CHAPITRE VII
Marié

Au lendemain d'un épisode si douloureux de la vie de deux jeunes mariés, j'assistais avec une amère douleur aux préparatifs de mon départ pour l'Autriche. Jamais la Belgique ne m'a été si chère ; jamais elle n'avait paru plus belle.

Cachant mes larmes, j'ai dit au revoir à tous ceux qui m'avaient connue enfant et jeune fille, qui m'avaient aimée et servie, ainsi qu'à tous les objets familiers du Château de Laeken , où tout faisait appel à mon affection. . Je ne prévoyais pas qu'on m'y considérerait un jour comme un étranger. Qu'est-ce que je dis : un étranger ? Non, plutôt comme « ennemi » !

Nous sommes partis, selon l'expression sacrée de la coutume, en lune de miel. Mais il y a des lunes de miel et des lunes de miel.

J'aurais aimé emmener avec moi certaines servantes personnelles. Je n'avais même pas le droit de rêver à une telle chose. Le palais de Cobourg avait ses propres serviteurs. On m'a expliqué que l'introduction d'un élément étrange briserait l'harmonie domestique de cette demeure haut en couleur. Je dus donc me contenter d'une servante hongroise, assez compétente, mais qui ne ressemblait pas à une de mes fidèles servantes.

Et tout était pareil. Mes goûts, mes préférences n'ont été déterminés qu'après avoir été approuvés par un conseil de famille.

Malheureusement l'austérité qui régnait dans cette salle du conseil de famille ne régnait pas dans le palais à toute heure et dans toutes les pièces. C'est ce que j'ai vite découvert.

Mais avant d'arriver au palais de Cobourg, nous séjournâmes à Gotha, où le duc Ernest de Saxe-Cobourg, prince régent, et son épouse, la princesse Alexandrine, accueillirent chaleureusement leur nièce.

Le duc était un vrai gentleman, une des personnalités de son temps, qui devint l'un de mes oncles préférés . Il parlait avec affection de son ami le comte de Bismarck, puis abordait des sujets moins sérieux, car j'étais curieux de connaître les gens et les choses appartenant à cette Allemagne avec laquelle je me trouvais si étroitement lié par alliance.

J'ai déjà dit qu'il était aussi naturel pour moi de parler allemand que de parler français, puisque c'était la règle générale de le faire à la Cour de Bruxelles. La Belgique n'a-t-elle pas tout à gagner à être bilingue et à servir d'intermédiaire entre les pays latins et allemands ? Moins que l'Alsace et le Luxembourg mais néanmoins un peu comme eux, ne devrait-elle pas bénéficier de la diversité de deux cultures ?

En quittant Gotha, nous nous rendîmes à Dresde, de là à Prague, et enfin à Budapest et à la brillante Vienne.

Passons cependant de ces visites princières et de l'uniformité de leurs réceptions à des choses plus intimes. L'intérêt d'en parler consiste dans la nécessité pour moi de mettre à nu ma vie calomniée et de raconter comment, tombé du ciel, je me suis élevé à la croyance aux choses meilleures.

Mais des années et des années devaient s'écouler avant que mon existence ne soit à nouveau embellie par un aperçu de l'idéal, en dehors des joies de la maternité.

Mon premier souvenir de quelque chose qui n'allait pas dans mon rôle de princesse de Cobourg, c'est que chaque soir, lors de nos banquets solennels, mon mari prenait soin que je sois servi abondamment avec de bons vins. Je suis finalement devenu capable de distinguer un Volney d'un Chambertin, un Voslaver d'un Villanyi et un champagne d'un autre.

Le corps ainsi entraîné à la pratique de quelque chose qui ressemble plus ou moins à la gourmandise, l'âme suivait nécessairement son exemple. J'étendis ma littérature et je me familiarisai avec des livres dont la Reine et la Princesse Clémentine n'auraient pas cru pouvoir m'avoir été offerts par celui qui les avait mis entre mes mains.

Au temps de ma rébellion ouverte, les gens étaient scandalisés par certaines libertés de parole et de manière que j'exagérais volontairement . Mais qui me les a appris en premier ? Et, encore une fois, où aurais-je dû aller et que serais-je devenu si Dieu ne m'avait mis sur mon chemin l'homme incomparable qui seul a eu le courage de me dire : « Madame, vous êtes une fille de roi. s'égarer. Une chrétienne se venge de l'infamie en s'élevant au-dessus d'elle et non en descendant à son niveau.

Et ainsi, abasourdi et enivré de toutes les manières, j'ai passé en revue la famille de Cobourg et ses différents palais et châteaux. Finalement, je trouvai le palais de Vienne qui était destiné à être ma résidence principale.

J'ai définitivement eu froid en y entrant. Le palais semble certes imposant de l'extérieur, mais l'intérieur est des plus sombres, notamment l'escalier. Je n'aime que le *salon* du "point de Beauvais" destiné à l'origine à Marie-Antoinette et ses dames d'honneur.

Ma chambre m'a fait frissonner. Quoi? Était-ce vraiment le décor qui avait été préparé pour recevoir la fraîcheur de mes dix-sept ans ! Cela aurait pu plaire à un étudiant de Bonn, où le prince avait obtenu son diplôme, mais à une jeune fille qui venait tout juste de devenir une jeune femme !... Impossible. Essayez donc d'imaginer une pièce assez grande, aux murs garnis à mi-hauteur de petites armoires en bois sombre avec des portes vitrées et des rideaux bleus derrière lesquels je n'ai jamais voulu regarder ! Certains meubles étaient de style gothique. Dans le centre de ce paradis se dressait une immense vitrine pleine de souvenirs des voyages du prince ; oiseaux empaillés à long bec, armures , bronzes, ivoires, bouddhas et pagodes ; mon cœur s'est brisé à cette vue. Et, pire que tout, il n'y avait pas d'entrée privée ni d'annexe , seulement un étroit couloir sombre, utilisé par les domestiques. Pour arriver à ma chambre, je devais passer par celle du prince, dont on accédait par une espèce de salon ; toutes les pièces communiquaient et ne présentaient aucun vestige de goût. D'immenses meubles anciens tapissés en reps centenaires s'offraient aux yeux de la jeunesse ! Tout était vieux, ordinaire, sombre . Ce n'est guère une fleur, rien de confortable, rien de assorti. Quant à la salle de bains, il n'y en avait aucune trace. Il n'y avait que deux bains dans tout le palais ; ils étaient éloignés les uns des autres et de construction positivement archaïque. Et pour le reste, mieux vaut ne pas le dire !

Ma première objection active concernait cette organisation anti-hygiénique et le manque de produits de première nécessité pour mon usage immédiat. Cet état de choses m'a presque brisé le cœur. On m'a pourtant dit que les illustres grands-parents étaient tout à fait satisfaits de ce qui m'avait été donné.

On sait que l'usage est une seconde nature. La princesse Clémentine ne s'apercevait pas des choses qui me troublaient, et même la vitrine avec les oiseaux empaillés la charmait. Elle admirait la collection de son fils, heureusement sans savoir ni comprendre tout ce qu'elle contenait, car dans notre palais de Budapest j'ai vu des pièces tout à fait uniques ; souvenirs de Yoshivara qu'une jeune femme ne pouvait regarder sans rougir, même après qu'une main experte eut levé le voile de ses yeux inexpérimentés.

Quelle école ! Cependant, grâce au régime bachique organisé par mon mari, les choses se sont déroulées indifféremment bien après la tempête de nos débuts domestiques.

Notre incompatibilité fondamentale est apparue pour la première fois au château de Cobourg en présence de la princesse Clémentine , autour d'une tasse de café-au- lait . Lors de notre lune de miel, le prince m'avait dit qu'une personne bien née ne devrait jamais boire de café noir. Telle est la conviction allemande. L'Allemagne ne peut pas plus imaginer un café sans lait qu'elle ne peut imaginer le soleil sans la lune. Cependant, depuis que j'ai cessé de me nourrir de la nature, je n'ai jamais pu boire de lait, je n'en ai jamais bu et je n'en bois jamais. Mon mari s'est mis en tête qu'il me ferait boire du lait, surtout du café, car s'il échouait, les traditions, les constitutions et les fondements de tout ce qui était allemand seraient brisés.

La discussion a eu lieu devant la princesse Clémentine , qui buvait toujours du lait dans son café. Mais sa bonté affectueuse ne parvenait pas à vaincre l'entêtement de mon estomac. Je voyais que je l'offensais. Son fils est devenu furieux au point de dire des choses très douloureuses et désagréables, et je lui ai répondu de la même manière. La princesse, quoique sourde, sentit qu'il y avait quelque chose, et nous nous retenâmes à cause d'elle, mais le coup était tombé ; désormais nous avions tous les deux du café au lait en tête !

Je raconte de petits épisodes comme celui-ci parce que la vie est une mosaïque de petites choses qui cimentent de grands désirs ou de hauts sentiments, et qui expriment à elles seules les nécessités quotidiennes dont nous sommes esclaves. L'existence humaine est une tragédie ou une comédie en deux actes qui se déroulent dans le salon et dans la chambre à coucher. Le reste n'est qu'accessoire.

Quelle gâchis presque tous les gens de rang élevé font en remplissant les obligations de paraître vivre ! On oublie les paroles de Franklin : « Le temps est la matière dont la vie est faite ».

Je me reproche amèrement aujourd'hui d'avoir mené une vie si vide, d'avoir vécu une telle existence d'angoisse d'esprit. Je n'ai pas assez connu la vraie vie, qui est celle de l'âme ; si j'avais réalisé cela, avec quels personnages distingués j'aurais pu m'associer, avec quels auteurs, savants et artistes je me suis entouré !

Mais aurais-je vraiment pu le faire ?

Mes désirs les plus élevés ont été critiqués, contredits et repoussés.

Le prince, mon mari, du point de vue de son âge supérieur, m'a tout instruit.

Les gens furent ensuite étonnés de mes dépenses, de mes nombreuses robes...

Oh mon Dieu! J'ai failli devenir fou à cause de la force de cette retenue continuelle. Un beau jour, j'ai brisé mes liens !

Oh! ce palais de Cobourg, cette demeure où la moindre fantaisie frivole, le moindre témoignage du goût parisien importé de Bruxelles, provoquait des paroles dures ; ce soupçon de *décolleté* qui faisait des jaloux ; cette envie de vivre un peu pour moi, sans subir la routine rigoureuse d'une caserne qui soulevait tant de tempêtes. Mon Dieu ! quand je pense à tout cela, aux oiseaux empaillés, aux livres malsains, aux sales blagues et aux misères quotidiennes de ma vie, je ne sais pas comment j'ai enduré cela. Je me demande comment j'ai pu résister si longtemps ? C'était, à la longue, pire que d'être enfermé dans une maison de fous. Le crime est parfois moins horrible que le criminel. Il y a des difformités morales qui constituent partout une offense, et à la fin on en devient exaspéré. Je ne sais pas jusqu'où j'aurais pu aller si cette vie avait continué. J'ai toujours considéré la force qui me permettait, à l'âge de vingt ans, de m'arracher à ma cage princière comme une aide directe du Ciel. Même si j'avais pu prévoir jusqu'où atteindraient l'excès de haine et de fureur, j'aurais quand même rompu. Un palais peut devenir un enfer, et le pire enfer est celui où l'on étouffe derrière des fenêtres dorées. Les titres ne comptent pour rien : un mauvais ménage reste un mauvais ménage. Deux personnes sont unies, une même chaîne les tient irrévocablement ensemble. Certains couples parviennent à s'entendre, d'autres non. C'est une question d'humeur et de conditions . Ni le prince ni moi ne pouvions nous habituer aux différences qui nous séparaient. Ce conflit permanent, d'abord latent, puis devenu guerre ouverte, élargissait chaque jour davantage entre nous l'abîme dans lequel tant de choses finissaient par disparaître.

Mais au milieu de toute cette amertume, mes journées avaient leurs heures d'or. Tout n'était pas désagréable. Les tempêtes ont parfois un rayon de soleil. Mais celles que j'ai vécues étaient des plus dévastatrices !

J'ai dit que je respectais la princesse Clémentine et que j'étais attiré par elle, mais sa surdité, qui aggravait tristement sa dignité naturelle, et son esprit d'un autre âge qui la faisait toujours paraître vivre dans l'honneur et l'étiquette, repoussaient souvent mon naturel. des explosions d'affection. Chaque fois que le prince et moi arrivions à des différends irréparables, et que ma belle-mère, à cause de son grand âge, se soumettait à l'influence de son fils, je ne pouvais encore m'empêcher d'éprouver envers elle le même sentiment de gratitude que j'avais pour elle. pour son ancienne gentillesse et sa supériorité d'esprit.

PRINCE PHILIPPE DE SAXE-COBOURG

Outre mon mari, la princesse Clémentine avait deux fils et deux filles. Un de ses fils, Auguste de Saxe-Cobourg, était pour moi ce qu'aurait été Rodolphe de Habsbourg, un beau-frère qui était un frère. Jusqu'à sa mort, survenue, si je me souviens bien, en 1908 à Paris, où, sous le nom de comte Helpa , il menait une vie de plaisir et mêlée à la meilleure société, il garda pour moi la même affection que j'avais pour moi. pour lui.

Les trois autres Cobourg , Philippe, Auguste et Ferdinand, ne se ressemblaient ni physiquement ni moralement. Auguste était comme la famille d'Orléans. En lui, le sang de la France a triomphé du sang de l'Allemagne. Dans les veines de Ferdinand, devenu le tsar aventureux de Bulgarie, je ne sais quel sang a coulé. Passons vite à autre chose. J'aurai l'occasion de revenir sur lui et sur son trône de surprises lorsque je parlerai de la cour de Sofia.

Des deux filles, Clotilde et Amélie , cette dernière reste toujours dans ma mémoire. Douce victime de l'amour d'un excellent époux, elle meurt après l'avoir perdu. Unie à Maximilien de Bavière, cousin de Louis II, Amélie était un lys de France égaré en Allemagne. Elle eut le bonheur de rencontrer un être digne d'elle-même dans la cour patriarcale de Munich, que la folie prussienne a rendue si malheureuse. Ils s'aimaient et vivaient d'amour, cachant autant que possible leur bonheur. Maximilien mourut subitement, éjecté de son cheval alors qu'il chevauchait. Amélie était inconsolable et ne lui survécut pas longtemps.

L'idée n'a jamais frappé son frère Philippe, son frère Ferdinand, ni surtout sa sœur Clotilde, qu'on puisse mourir — ou vivre — par amour !

Nos doubles relations avec la maison de France m'apportèrent une heureuse diversion à mes ennuis au palais de Cobourg, ainsi qu'à la campagne, sous la forme de visites de membres de la famille royale que j'avais plus ou moins connus dans ma jeunesse. Le printemps de ma vie était plein de leurs marques d'affection.

J'ai vu naître les espérances de ma nièce Dorothée , fille de l'archiduchesse Clotilde, ma belle-sœur, lorsqu'elle s'est fiancée au duc Philippe d'Orléans.

J'avoue que je n'avais aucune confiance en l'avenir, étant sceptique quant à la France royaliste, et c'était sans doute un effet de l'environnement général, mais je pensais que les lys d'or brodés sur la robe de la belle mariée auraient disparu de sa traîne depuis longtemps. avant d'atteindre l' Elysée , les Tuileries ou le Louvre. Je ne pouvais cependant voir sans émotion la couronne fermée qui ornait la « reine » le jour de son mariage.

Ah ! ce rêve de couronne ; combien de têtes ça fait tourner, ou plutôt combien de têtes ça fait tourner ! Pour l'instant, on est obligé de réfléchir aux choses en général, et bien que je sois étranger à la politique française, je dois autant de reconnaissance que de considération à la République, où j'ai trouvé, avec la sécurité des lois justes, le respect dû aux le malheur, et la courtoisie que les républicains savent accorder, même aux princesses. Cependant je ne peux m'empêcher de suivre avec une certaine curiosité la carrière du « Roi en prévision », mon neveu le prince d'Orléans.

Pour lui, tout se passe sur les bords de la Seine, de la Garonne, du Rhône et des autres cours d'eau du plus beau pays de la terre ; mais le pire que je souhaite à Philippe d'Orléans, c'est qu'il n'ait jamais à échanger sa casquette de yachting, qui lui va si bien, contre la couronne de Saint Louis. Il est certainement handicapé dans la vie. Plus que jamais aujourd'hui où il convient à un roi d'avoir une reine. Mais le destin a voulu que le grand mariage de Philippe d'Orléans et de Marie Dorothée de Habsbourg, qui fut une des joies du palais de Cobourg et l'occasion des plus belles réceptions, se déroule contrairement à ce qu'il promettait.

Je comptais une fois les maisons royales ou princières où murmurait déjà le vent du mécontentement. Je suis arrivé à un total surprenant. Dans tous les types de société, le nombre moyen de personnes mariées et heureuses n'est pas très élevé. Mais plus on se rapproche des gens, de leur bon sens et de leur travail, meilleure est la vie de famille, parce qu'ils supportent bien plus sagement les défauts des uns et des autres et acceptent de s'entraider, jusqu'à ce qu'ils finissent par connaître une sorte de bonheur, ce qui n'est réalisé que par la connaissance des imperfections communes.

Ma vie à Cobourg eût été encore plus pénible si elle n'avait pas été variée de temps en temps par des changements de résidence et des voyages.

Pour ne pas m'éloigner du cercle familial, je dirai seulement quelques mots de trois villes où j'avais des relations et où je séjournais avec eux ou près d'eux, comme princesse de Cobourg : Cannes, Bologne et Budapest.

Tout d'abord, je mentionnerai Budapest, qui était l'une des villes les plus attractives du monde, et qui le sera à nouveau lorsque le règne du bolchevisme sera terminé. Dans l'ancienne Buda, l'Orient ancien a laissé ses traces ; à Pest, la modernité de l'Occident s'impose. J'en savais quelque chose en 1918.

J'adorais Budapest, et je préférais le petit palais de Cobourg dans la capitale hongroise et ses charmantes réceptions à notre maison et nos divertissements dans la capitale autrichienne. L'atmosphère était différente de celle de Vienne, et j'étais heureux de me retrouver dans le voisinage du bon archiduc Joseph, le frère de ma mère, qui m'était si chaleureux et si cher. Son palais était à Buda et son château à quelques heures de la ville. Elles n'avaient d'inconvénients que comme demeures de ma tante et de ma belle-sœur la princesse Clotilde, qui étaient bien différentes de l'affectueuse et sincère Amélie .

L'archiduc était un homme bon qui ne se méprenait pas et ne censurait pas mes fantaisies extravagantes.

Au cours de la première année de notre mariage, mon mari et moi avons passé l'anniversaire de mon anniversaire, le 18 février, chez l'archiduc d' Alauth . Il y avait eu une forte chute de neige la veille et j'ai dit : « Je ne veux pas de cadeaux, mais s'il vous plaît, laissez-moi conduire un traîneau demain ; j'ai une envie si folle d'en conduire un ; ce sera mon premier expérience!"

L'archiduchesse Clotilde était habituellement une personne au cœur ouvert, mais elle était néanmoins dotée de certaines caractéristiques droites et elle fronçait sévèrement les sourcils.

Il ne servait à rien de mendier ou d'implorer. Le prince interdit la promenade en traîneau. Ils m'ont métaphoriquement relégué dans un placard sombre avec du pain sec à manger ; ils me tenaient sous une telle surveillance que je ne pouvais sortir du tout, ni à pied, ni à cheval, ni en traîneau.

L'archiduc arrive sur les lieux. J'étais toujours furieux... Oh ! certes, il est évident que je n'ai pas vu le bon côté des choses ; mon caractère a toujours été celui qui en voulait à la folie et à la méchanceté.

L'archiduc m'a interrogé. Je lui ai raconté toute l'histoire. « Louise, s'écria-t-il, tu as cent fois raison ; d'abord parce qu'à ton âge et quand on est jolie, comme toi, on a toujours raison. Nous sortirons tout de suite faire une promenade dans la neige. "

Il sonna et fit atteler deux chevaux hongrois à un grand traîneau adapté au char d'Apollon, dans lequel il me fit asseoir, enveloppé dans mes fourrures. Il prit les rênes et nous partîmes à toute vitesse, accompagnés d'un domestique de confiance. Je me sentais semblable aux anges. Ma belle-soeur puritaine et mon mari puritain n'osaient pas dire un mot.

La société de Budapest était moins soumise au cérémonial de cour que celle de Vienne, et elle était par conséquent naturelle et plus audacieuse. Je me souviens d'un certain bal sur l'île Marguerite, la perle de l'écrin du Danube, où le prince était en colère et ne voulait pas que je valse. J'ai été inondée d'invitations, auxquelles mon mari a répondu en disant qu'à la Cour de Bruxelles je n'avais appris à danser que le quadrille et le menuet !

Le quadrille ! Le menuet ! Les gens étaient très inquiets. Ils ont compris ce que signifie valser en Hongrie, et une valse sur les rives du Danube au son des violons tziganes est une chose qui ne peut être surpassée. Et maintenant, maintenant, ils importent d'Amérique des choses mornes, au mouvement sourd et épileptique, et ils l'appellent de toutes sortes de noms après avoir trotté ou galopé des animaux sortis de l'arche de Noé. La valse restera toujours comme la reine incomparable des danses pour ces qui sait danser.

L'un de ceux qui m'invitaient à danser était plus audacieux que les autres, et, sans tenir compte de l'excuse du prince, il dit : « Mais Son Altesse sait certainement valser. » Et à ces mots je fus emporté hors du domaine de l'autorité de mon audacieux partenaire, un Magyar, qui m'a ainsi précipité dans le tourbillon de la danse. J'avoue que je n'ai jamais arrêté de danser pour le reste de la nuit. Le prince était furieux, mais comme il était accablé de compliments sur ma beauté et ma réussite, il fut obligé, *nolens volens* , sourire!

Je me souviens de la scène qui s'est déroulée lors de notre départ. Heureusement, on nous a demandé d'embarquer sur un bateau merveilleusement illuminé qui nous a emmenés le long de la belle rivière jusqu'au point le plus proche de notre palais, et ce délicieux voyage s'est fait au son de la musique, tantôt sauvage, tantôt langoureuse, que l'on entend seulement à la perfection dans ce pays.

Était-ce l'effet du luth d'Orphée ? Je n'étais pas condamné à mourir au lever du soleil comme la pauvre Schéhérazade. Mais pourquoi ne dansait-elle pas au lieu de raconter des histoires ?

A Bologne et à Cannes, j'ai vu une partie de la société aujourd'hui disparue. On le rencontrait chez la duchesse de Chartres et chez le duc de Montpensier au palais Caprara . En Italie, certains des plus grands aristocrates italiens étaient entourés des noms les plus nobles de France ; sur la Côte d'Azur, c'était plutôt un monde de papillons, dans lequel brillaient quelques-unes des plus resplendissantes beautés parisiennes.

Où serais-je si je me permettais d'évoquer les nuances de nombre de ceux que j'ai côtoyés au cours de ma vie ? Déjà tout est silencieux, déjà l'oubli a commencé. Ô vanité des vanités ! Mais au moins je dirai combien j'ai été enchanté par Cannes, et par le goût raffiné de l'élégance à la française. La guerre a transformé cette ville autrefois recherchée par l'élite de la société. J'ai lu que, envahie et bruyante, elle a perdu le *cachet discret* qui faisait autrefois son caractère et son charme particuliers. Quel dommage!

Il y a tout et pourtant rien à dire sur la vie des gens du monde qui ne sont que des gens du monde et rien de plus. Il est vrai que je pourrais remplir une bibliothèque si je devais décrire en détail les documents à la mode de mon passé. Mais quel intérêt cela aurait-il ? Je ne devrais que plaire à la curiosité sociale qui se satisfait des rapports sur les activités de la société, qui, sachant la nécessité de polir quotidiennement son éclat pour conserver son éclat, fournit aux journaux les noms des personnes qu'elle reçoit, et les détails des réceptions qu'il donne - simplement pour satisfaire cette curiosité banale qui est malheureusement le fondement de la nature humaine, de ses désirs et de son estime de soi.

Il vaudra peut-être mieux que je termine cette esquisse de ma vie de princesse de Cobourg, avant d'en venir aux événements qui ont conduit au *dénouement final*, par quelques faits concernant mes enfants. J'ai été, je crois, une bonne mère. J'ai souhaité l'être et j'ai au moins le sentiment d'être une bonne mère depuis très longtemps. J'ai prodigué beaucoup de soins et de tendresse à mes enfants.

Cela ne paraîtra naturel qu'aux femmes que la maternité fait de vraies femmes, et à qui elle représente honneur et gloire. Ils doivent cependant me permettre de dire que la maternité est parfois plus difficile qu'on ne le pense, quand il faut considérer les difficultés qui sont souvent soulevées par le père de l'enfant — il y a des situations où être mère est une épreuve constante.

Heureux ceux à qui une vie paisible et normale permet de regarder à côté d'un berceau. J'ai néanmoins connu le bonheur avec mon fils aîné Léopold, né en 1878 dans notre Château de Saint Antoine, en Hongrie.

La Reine était présente, très heureuse d'être grand-mère. L'arrivée de cet enfant, un garçon, héritier des titres, appendices et fonctions de la famille, apaisa momentanément les querelles entre le prince et moi. Il y eut une accalmie dans la tempête, qui dura un certain temps. L'influence de la reine a eu son effet sur mon mari. Moi-même, absorbée par mes devoirs maternels, je pris de grandes résolutions d'être patiente et sage à l'avenir.

J'ai fait des rêves merveilleux à côté du berceau de mon fils... Ô destin cruel, contre lequel j'étais destiné à être impuissant. En grandissant, et à mesure que l'influence du milieu s'exerçait, Léopold devenait de moins en moins mon enfant. Je lui ai souhaité qu'il soit loyal et courageux. Ne devait-il pas porter une épée ? Quelle âme chevaleresque ne voulais-je pas forger en lui ! Mais son père revendiquait le droit de le guider. Très vite, il ne m'appartenait plus.

Léopold atteignit l'âge de raison au moment même où je me débarrassais des chaînes d'une existence devenue atroce. Il croyait qu'ayant refusé de continuer à être princesse de Cobourg, je m'étais ainsi approprié les centaines de millions qui devraient lui venir un jour de son grand-père, et que je jetterais aux vents par ma folie. J'ai donc connu la haine que la nature ne peut concevoir, la haine d'un fils pour sa mère. J'ai versé les larmes que versent les mères frappées par leur chair et leur sang. Mais Dieu sait que chaque fois que mes enfants, épris de l'avidité de l'argent, qui est en effet la racine de tous les maux, m'ont fait souffrir, je leur ai toujours pardonné.

Lorsque Léopold mourut d'une manière si effroyable que je ne peux même pas en parler, il n'appartenait plus, à mon avis, depuis longtemps à ce monde ; mais ce n'était pas moi qui fus touché par ce châtiment terrible qui mit fin à la lignée du descendant aîné de la maison de Saxe-Cobourg. Celui qui fut frappé, c'était le père qui avait formé à son image ce fils égaré !

Je pense qu'il a survécu pour avoir le temps de se repentir.

Lorsque ma fille Dora était sur le point de naître, en 1881, j'avais une telle crainte de la présence de son père que je faisais tout ce que je pouvais pour cacher l'heure imminente de ma délivrance. Je ne voulais pas que le prince fût près de moi dans ce moment douloureux ; Je voulais qu'il sorte, ignorant que j'étais en proie au travail. Cela s'est passé de cette façon. La naissance a eu lieu dans notre palais de Vienne, et j'ai réussi à étonner tout le monde. J'ai échappé, le temps de ma souffrance, à une présence qui n'aurait pu que l'aggraver. La sage-femme qui m'accompagnait n'eut même pas le temps d'aller chercher le Royal Accoucheur , qui arriva après que tout fut fini.

Dora était mon deuxième et mon dernier enfant. Elle a promis d'être une jolie fille ; elle était plus grande que moi, très blonde et plutôt myope. Elle eut le malheur d'épouser le duc Gunther de Schleswig-Holstein, frère de l'impératrice Augusta, épouse de Guillaume II. "Malheur?" mes lecteurs diront ; "c'est l'opinion habituelle d'une belle-mère." Ils verront plus tard que le mot malheur est conforme aux faits qui touchent l'histoire contemporaine. Je ne dirai rien de plus.

Ma fille n'a pas d'enfants. Si elle l'avait fait, on leur aurait dit que leur grand-mère était la plus méchante des femmes, sinon la plus folle, car elle disait souvent à son gendre, ainsi qu'au prince de Cobourg et à certains dignitaires de Vienne et ailleurs, qui furent les complices et les agents de la persécution dont elle fut accablée :

"Vous n'avez qu'un but en vue, c'est de m'enlever tout ce qui me reste : ma liberté. Mais il y a la justice et vous serez puni !"

Ils ont été.

Ah ! si au lieu de me faire souffrir le martyre, ou de me permettre d'être martyrisé, certains de mes propres parents avaient osé venir à moi, ouvertement ou en secret !... Je suis une femme, je suis une mère. Je n'affirme pas que je n'étais pas coupable de tort. J'affirme seulement ceci : ils m'ont toujours menti. On me parlait toujours de l' honneur et de la vertu de la famille, mais, surtout, j'entendais crier : « *De l'argent ! de l'argent ! de l'argent !*

CHAPITRE VII I
Mes hôtes à la Hofburg : l'empereur François-Joseph et l'impératrice Elisabeth

Depuis que la défaite a renversé en un jour les trônes qui étaient le fondement du monde allemand, je passe parfois du Ring vers le Graben par la Hofburg , l'ancien palais impérial de cette ville de Vienne où j'écris actuellement. Je vois depuis la Fransenplatz (la grande cour intérieure) les fenêtres des chambres qui me voyaient autrefois reçu par les gardes et les chambellans avec les honneurs dus à mon grade. Ces fenêtres sont désormais fermées, vides et silencieuses. A Vienne, tout semble mort. L'ancienne Hofburg a cessé d'exister. La nouvelle Hofburg , symbole extérieur d'espoirs disparus, est un bâtiment inachevé. Il témoigne de la chute d'un Empire.

De toutes les princesses et archiduchesses appartenant à la cour disparue, je suis la seule qui reste à Vienne, aimée, je crois, du peuple et respectée des autorités.

Il y a une ville au monde dans laquelle je vis depuis longtemps. Cela a été le théâtre de mes « crimes ». Cette ville, après avoir abandonné toute prétention d' honneur , de vérité et de vertu, m'a réservé le droit de parler, et, tout en abolissant les titres, m'a laissé le mien. Je suis seul dans les ruines d'une Puissance qui a été cruelle envers moi.

J'ai connu la « justice » de la Cour et celle de l'Empereur François Joseph. J'ai appris qu'une princesse n'a pas les mêmes droits légaux que le reste du monde. Pour elle, il existe des arrangements secrets qui s'appliquent sans que les juges n'aient rien à dire ou, s'ils le font, ils n'exécutent que certains ordres. Ils les déguisent sous toutes sortes de prétextes. Dans mon cas, l'excuse était celle de la folie.

Il serait impossible aujourd'hui de taxer de folie une conscience rebelle. Il serait impossible d'accuser une victime d'avoir provoqué d'impossibles scandales si elle osait appeler à l'aide. Personne ne peut être jeté de force dans une maison de fous, où le surintendant dit que vous n'êtes pas fou et est pourtant obligé de vous surveiller. Il avait ses ordres ! Ils appelaient cela *« une affaire de cour* !

Je ne pense pas qu'il faudrait de nombreuses tentatives criminelles de cette nature pour obtenir une sentence d'une justice divine qu'aucune hypocrisie des paroles ou des actes et aucune machinerie du pouvoir humain ne peuvent tromper.

Mais pourquoi ceux qui se sont rendus coupables d'une politique immorale et lâche ne seraient-ils pas les seuls à expier leurs fautes ? Une nation entière expie en ce moment la décadence et la chute de la cour de Vienne. Oui, les pauvres gens, si bons, si dupés, si résignés, si travailleurs et si à plaindre, expient maintenant les crimes de leurs gouvernants !

Quand je suis arrivé à la Cour d'Autriche en 1875, François-Joseph avait quarante-cinq ans.

Il se distinguait toujours de loin par son allure vaillante en uniforme. De près, il donnait l'impression de posséder une certaine bonne humeur , que contredisait la sévérité de son regard. C'était un homme étroit d'esprit, plein d'idées fausses et préconçues, mais il possédait, de par son éducation et par les traditions de la politique autrichienne, certaines formules et certains maniérismes qui lui permirent de se maintenir longtemps à flot avant de finalement s'engouffrer dans le mer de sang dans laquelle la galère impériale finit par sombrer. Mais, dépouillé de son rang et de son cérémonial, dépourvu de routine, de réceptions, d'audiences et de discours, il n'était qu'un imbécile. A sa naissance, la Nature l'a privé de cœur. C'était un empereur mais ce n'était pas un homme. Il est mieux décrit comme un automate habillé en soldat.

L'Empereur me fit d'abord une grande impression lorsque mon mari me présenta à lui comme la nouvelle princesse de Cobourg. J'écoutais ses phrases aimables et raffinées, auxquelles j'avais du mal à répondre de manière convenable. Ils étaient d'habitude si banals que, presque avant de quitter sa présence, j'avais déjà oublié ce qu'il avait dit. Il en fut presque toujours ainsi, sauf lors d'une occasion mémorable que je décrirai plus tard.

Je ne connais personne qui se souvienne d'une seule parole prononcée par François Joseph qui mérite d'être répétée. Sa conversation dans le cercle impérial était d'une froideur et d'une pauvreté déconcertantes. Il ne s'animait jamais que lorsqu'il parlait de scandale, mais c'était généralement dans l'appartement de Mme Schratt , qui constituait à la fois son refuge et sa détente, où il était vraiment « chez lui » et où il était simplement « François » ou « Joseph ».

J'ai vu Madame Schratt au Théâtre Burg. Son influence (si elle en a jamais eu, autre que celle de permettre à l'empereur d'échapper aux insuffisances qui constituaient les fatalités de sa vie) ne fut préjudiciable à aucune âme vivante.

Une comédienne à la Comédie Française de Vienne, jolie et honnête de nature, Katti Schratt était une « Brohan », et sa gaieté de cœur plaisait au moins au souverain. Il lui donna d'abord une position paisible et assurée, puis, un beau soir, il la présenta tranquillement à la Cour, où l'Impératrice se résigna admirablement à cette audace impériale. Elle était très satisfaite de savoir que François-Joseph était désormais méthodique dans ses passions, avait réprimé ses excès et s'était choisi une confidente qui ne prétendait être pour lui qu'un récréation. Il y avait une grande différence entre Mme Schratt et Mme de Maintenon. Il y avait une différence encore plus grande entre François Joseph et Louis XIV.

Mais en termes d'apparence réelle, l'Empereur aurait facilement pu être pris pour son *maître d'hôtel* sans son uniforme et son environnement. Vu de près, c'était une personne très ordinaire. On remarquait cependant chez lui deux mauvaises habitudes : à la moindre perplexité, il tirait et massait ses favoris, et, au dîner, il regardait fréquemment son reflet dans la lame de son couteau. Pour le reste de ses actions, il mangeait, il buvait, il dormait, il marchait, il chassait, il parlait selon le rituel accepté et imposé par les circonstances de l'heure, du jour et du calendrier. Ces manières n'étaient guère perturbées par les révolutions, les guerres ou les malheurs. Il accueillit ses malheurs avec la même expression avec laquelle il remarquait s'il pleuvait lorsqu'il s'apprêtait à partir pour Ischl .

Lorsque son fils s'est suicidé, lorsque sa femme a été assassinée, il n'a pas perdu une once de chair ; sa démarche était toujours aussi ferme et ses cheveux toujours aussi impeccablement coiffés.

Les cérémonies funéraires terminées, rien n'a changé en Autriche. François Joseph continue toujours à parler sur le même ton de l'amour de son peuple envers lui-même et de son amour pour lui.

Et le soir même, il était avec Madame Schratt . C'est à cet homme dépourvu de génie, sans courage et sans justice, que je dois les malheurs de ma vie.

Au moment où il aurait dû remplir sa place de Souverain et de chef de la maison qui me concernait, il ne l'a pas fait parce qu'il avait peur.

A deux reprises seulement, il s'est comporté différemment *à propos* de ce qui me concernait ; ces circonstances n'étaient cependant pas décisives. Un homme n'est pas jugé sur la manière dont il vous aide à descendre d'une voiture, mais sur son comportement lors d'un grand incendie ; il ne recule pas devant les flammes dans son effort pour vous sauver !

PRINCESSE VICTOR NAPOLÉON (Princesse Clémentine de Belgique)

François Joseph était incapable de se jeter dans le feu pour sauver qui que ce soit. On ne pouvait compter sur lui pour aucune aide en cas de danger. Il aurait eu peur d'abîmer son uniforme, ou de déranger ses moustaches !

Ah ! Je comprends aisément le désespoir de son fils et de sa femme, dont la seule pensée dans la vie était d'échapper à ce néant.

Le frère de l'Empereur, l'archiduc Louis Victor, fut l'instigateur de la haine dont j'étais victime. Cet homme connut plus tard les tourments d'un exil déshonorant , et il mourut déshonoré . Dieu l'a puni. J'ai vu sa puissance frapper cet homme coupable, qui a déclenché les persécutions dont j'ai dû souffrir.

Pendant de nombreuses années, il a mis son dévouement à mes pieds. Tout Vienne le savait ; l'Empereur y compris, et il était meilleur que la plupart des gens, car le scandale était son pain quotidien. Pour lui, c'était presque une affaire d'État de savoir si l'archiduc Louis Victor parviendrait à vaincre la citadelle de ma vertu.

Néanmoins, le prince pouvait plaire quand il le voulait ; c'était une nature ardente, dont la curiosité excessive l'entraîna finalement dans le scandale des châtiments publics.

Je me résignai à recevoir ses compliments et ses fleurs avec patience. Nous connaissons tous les exigences du monde. J'ai dû supporter avec le sourire l'assiduité d'un archiduc, frère de l'empereur. Mais le sourire a été spécialement donné par la Nature à la femme pour lui permettre de cacher occasionnellement ses pensées !

Malheureusement Louis Victor, jaloux des bons sentiments qu'un autre, qui n'était pas « prince », m'avait inspiré, perdit patience, et de l'objet de son amour je devins l'objet de sa haine. J'avoue que j'avais un goût pour la répartie satirique que j'avais hérité du roi et qui me faisait de nombreux ennemis. L'archiduc a-t-il été offensé par un peu de franchise ? La vanité blessée est prompte à se venger. J'avais désormais en lui un ennemi déclaré. Il a juré qu'il me forcerait à quitter la Cour.

J'avais inspiré la jalousie. Quelle femme ne l'a pas fait ? Mes rivaux se sont installés autour de mon ancien admirateur. Les intrigues habituelles commencèrent. Ma liberté de vie a été attaquée par des âmes charitables dont la seule pensée était de la détruire, aidées par un Don Juan rejeté. L'archiduc ne tarda pas à régler les détails nécessaires. On commença à parler de l'attention que je portais à cet homme honorable , le seul qui ait rempli ma vie. Je lui ai toujours accordé toute ma confiance et mon estime.

L'archiduc Louis Victor se rendit chez son frère et lui raconta qu'il m'avait vu de ses propres yeux le soir dans un restaurant populaire, *en tête-à-tête* avec un officier uhlan .

Emportées par l'indignation d'un tel oubli de mon rang, trois nobles Furies, dont je ne parlerai pas et qui possédaient le droit exclusif de représenter la vertu sur terre, firent savoir à Sa Majesté que si j'étais autorisé à assister au prochain bal d'État, elles me tourneraient le dos en présence du cercle impérial.

Ma sœur, qui fut informée de ce tumulte, m'interrogea et me prévint. Je n'ai eu aucune difficulté à découvrir d'où venait le complot, et j'ai clamé mon innocence auprès de Stéphanie . Le soir où l'archiduc Louis Victor avait dit à son frère qu'il m'avait vu au restaurant, je n'avais pas quitté le palais. Je peux ajouter que je ne me suis *jamais, jamais, jamais* assis dans un restaurant *en tête-à-tête* avec qui que ce soit. Lorsque j'ai eu l'occasion de paraître à un dîner ou un souper en public, j'ai toujours été accompagné d'une ou plusieurs personnes de mon entourage.

Et d'ailleurs, à l'heure même dont parle mon calomniateur, j'étais avec le prince mon mari, et nous avions une de ces discussions qui constituaient les orages quotidiens de notre existence. Le prince était là pour en être témoin, d'ailleurs les domestiques purent attester que je n'avais donné aucun ordre pour ma voiture et que je n'avais pas quitté le palais. Rien n'aurait donc été plus facile que de contredire l'archiduc et ses vertueux amis.

Ma sœur en était tout à fait convaincue, mais, ne voulant pas se placer entre le diable et la mer profonde, elle me dit qu'elle pensait qu'il valait mieux que j'en appelle à l'Empereur en personne. La cabale a cependant agi rapidement. François Joseph a prévenu ma demande en *me convoquant* . Je l'ai vu dans la chambre de Stéphanie . J'étais dans un tel état de juste rage que, hélas ! J'étais incapable de me contrôler en présence de cet homme infâme.

Je remerciai d'abord le souverain de son audience, et je lui dis (maîtrisant difficilement mon humeur) qu'il devait me défendre et prendre mon parti ; que j'étais la cible des attaques d'une misérable cabale, et qu'il devait y mettre fin en punissant le calomniateur. Je lui ai demandé de faire une enquête, car j'en avais parfaitement le droit. Le reste de mes propos peut être laissé à l'imagination. Comme l'Empereur savait quelle défense je devrais probablement avancer, il avait préparé sa réponse selon la formule d'un des chefs de la Chancellerie impériale qui l'avait formé dans sa jeunesse. Voici ce qu'il dit : « Madame, tout cela ne m'intéresse pas ; vous avez un mari, c'est son affaire. Je pense cependant que pour le moment vous feriez mieux de faire un voyage quelque part et de ne pas vous présenter au bureau. prochain bal d'État.

— Mais, Sire, je suis une victime ; vous faites de moi un criminel.

"Madame, j'ai écouté mon frère, et quand Victor a parlé..." Il termina par un signe impérial et définitif.

Je n'étais pas le genre de femme à subir une telle iniquité en silence. Mais j'ai réussi à cacher mon mépris et j'ai répondu :

"L'avenir nous révélera, Sire, lequel d'entre nous a menti, l'Archiduc ou moi." Je fis alors ma révérence réglementaire et l'Empereur quitta la salle.

A mon retour au palais de Cobourg, j'allai trouver mon mari et lui dis que je comptais sur son honneur pour détruire l'abominable complot dans lequel j'étais impliqué, et qu'il devait envoyer ses seconds à l'archiduc Victor.

Le prince de Cobourg répondit froidement que si j'avais perdu la faveur impériale *il* ne voulait pas la perdre en se battant en duel avec un archiduc qui était le frère du souverain.

Après l'empereur chevaleresque, j'avais en effet rencontré un autre Galahad ; J'étais furieux, mais je ne pouvais rien faire. Ma fureur produisit cependant des résultats inattendus. Le prince ne voulait pas se souvenir que j'étais au palais ce soir-là. Il a déclaré qu'il ne contredirait pas l'affirmation de mon calomniateur. C'était la goutte d'eau qui a fait déborder le vase. A partir de cette heure, ma décision était prise. Je ne resterais plus avec un mari qui m'avait abandonnée de cette façon honteuse. J'écoutais la voix qui disait : « Madame, vous êtes perdue dans le monde où vous vivez ; il est lâche et pervers. » Mais mon sentiment familial s'est avéré plus fort que ma colère. J'ai dit au prince : " Il faut nous séparer et retrouver notre liberté. Mais nous avons des enfants. Évitons tout drame. Voyageons pendant un an, et si au bout de ce temps nous n'avons pas trouvé une meilleure manière de vivre ensemble nous nous séparerons ; tu dois suivre ton chemin et je suivrai le mien.

Pour un homme comme le prince de Cobourg, ces paroles étaient les plus terribles qu'on puisse imaginer. La perspective d'une séparation ou d'un divorce serait connue de millions de personnes, du Roi et d'autres, et pas seulement du père de mes enfants ; une telle chose était impossible. Il a dit que je devrais en savoir plus à ce sujet. Et j'ai fait.

Puisque je raconte toute l'histoire depuis le début, je dois donner les autres raisons de l'attitude inconcevable de François Joseph à mon égard. Celles-ci étaient plus ou moins politiques, et je ne souhaite pas m'étendre sur la politique, et encore moins sur celles qui le concernent. Mais en même temps, j'écris dans le but d'ajouter quelques faits nouveaux à l'histoire de cette époque, ainsi que dans le but de me défendre contre de fausses accusations.

François Joseph a refusé de m'aider, et il m'a abandonné dès le premier instant parce qu'il était obligé d'être prudent ; il a donc laissé à mon mari toute liberté de faire ce qu'il voulait. Le prince de Cobourg connaissait le secret de Meyerling et la fin du désespoir de Rodolphe. De plus, le prince avait un frère Ferdinand qui était cantonné à l'avant-poste de Nach. Oste en Bulgarie. Les Cobourg étaient une puissance en eux-mêmes. François Joseph s'inclina devant eux. Il a choisi le moindre des deux maux et m'a sacrifié.

Je ne l'ai connu qu'à deux reprises pour adopter une attitude chevaleresque. Un jour que je lui ai demandé de changer un gentleman attaché à ma personne et à celle de mon mari qui faisait cause commune avec l'archiduc Victor, il m'a immédiatement accordé ma demande. Encore une fois, alors que j'étais entré dans une nouvelle vie, que je vivais selon un idéal plus élevé et que je méprisais les preuves les plus sinistres d'une atroce calomnie, il arriva que le prince de Cobourg se trouva face à face avec un homme d' honneur qui était prêt à pour lui donner satisfaction. Mon mari a pris un air de dédain suprême. L'Empereur lui rappelle alors que l'uniforme d'un soldat n'a pas seulement un but de spectacle. Il conseilla au prince de Cobourg de se battre ; il s'est battu.

Je crois que ce fut la seule victoire militaire que François Joseph remporta sur quiconque ; et quant au prince, général autrichien, c'était la seule bataille à laquelle il fût personnellement engagé.

* * * * *

Je pense souvent que la Providence a été très miséricordieuse envers l'Impératrice en ne la laissant pas atteindre la vieillesse, rivée qu'elle était à la chaîne qui entraînait l'Empire dans l'abîme de la folie et de la férocité humaine.

Dois-je dire que mes pensées vont vers elle dans la prière ? Elle aussi était une martyre ; elle n'est que la seconde derrière la reine dans mes méditations quotidiennes. La différence de mon âge et de mon rang me maintenait, à mon grand regret, plus éloigné d'elle que je ne l'aurais souhaité. Au moment où j'aurais pu me rapprocher d'elle, j'étais partagé entre mon aspiration à l'idéal et les vanités du monde. Si elle était une impératrice sereine, j'étais une princesse en détresse ! Mais j'avais pourtant quelque chose de commun avec elle ; l'amour de la nature et de la liberté et le goût d'Heinrich Heine.

Sans mettre cet écrivain sur le même piédestal que Goethe, l'esprit par lequel j'ai essayé de vivifier le mien, j'ai passé de nombreuses heures heureuses à lire Heine, et plus j'ai grandi, plus j'ai appris à connaître et à admirer le poète qui était à la fois un humoriste inspiré et un philosophe. Il était le De Musset de la Prusse et de la Judée, l'esprit *par excellence* de l'Europe — Heine avait pris à la France et lui avait donné une unité de dons dont le mélange promet une race d'hommes affranchis des barrières raciales, mus par le même amour. d'une beauté éternelle. Une indication de la réconciliation que verra peut-être l'avenir.

Il est possible qu'il *soit* juif ; les apôtres étaient aussi juifs. Mais je comprends et apprécie les sentiments de l'Impératrice en allant le voir à Hambourg, en continuant à entretenir des relations amicales avec sa sœur après sa mort, et enfin en lui érigeant un monument à Corfou. Rudolph a dit un jour de sa mère : « C'est une philosophe sur un trône. » Elle avait vraiment un grand esprit.

Le jour où j'ai eu l' honneur d'être reçu en privé par l'Impératrice fut pour moi un jour passionnant. Je savais qu'elle ne portait que du noir, du blanc, du gris ou du violet, alors j'ai arrangé ma toilette sans faire appel à une couturière, et si j'en crois la flatterie de la rue de la Paix , je savais comment m'habiller ; mais j'avoue que, confiant comme j'étais désormais devenu en matière de tenue vestimentaire, j'ai pris mon temps pour décider quoi porter à cette occasion. En fin de compte, j'ai choisi une robe violette garnie avec goût de grèbe et une petite toque en velours. Je puis dire sans me vanter que ma toilette fut remarquée et généralement admirée.

L'Impératrice était charmante. Elle parlait de la Reine en termes simples et bien choisis, comme d'une amie qui lui était chère. C'était sa façon de parler de presque tout. Sa conversation était d'un haut niveau, mais en même temps elle était absolument naturelle. Elle ne parlait presque jamais durement, et toujours d'une voix basse et pure. Elle possédait une voix émouvante – du cristal étouffé, mais du cristal quand même. Je n'ai jamais vu un sourire comme le sien ; c'était comme un sourire du ciel ; ça m'a enchanté et ça m'a touché, c'était à la fois doux et grave. Elle était belle, d'une beauté céleste avec quelque chose d'éthéré dans la pureté de ses traits et dans les lignes de sa silhouette. Personne ne marchait comme Elisabeth d'Autriche ; le mouvement de ses membres était imperceptible , elle glissait ; elle semblait flotter sur le sol. J'ai souvent lu que telle femme célèbre et adorée était dotée d'une « grâce inimitable ». L'impératrice Elisabeth possédait véritablement cette grâce inimitable. Et ses grands yeux semblaient parler et exprimer un langage noble qui leur était propre, qui incarnait les trois vertus, la Foi, l'Espérance et la Charité.

La Bavière, sa patrie natale, a conservé à travers les âges les éléments essentiels de la race celtique établie jusqu'au Danube. L'Allemagne du Sud possède également en abondance ce sang européen ancien. L'Impératrice représentait les caractéristiques les plus raffinées de la beauté celtique. Elle n'était pas un type allemand – du moins pas un type de l'Allemagne centrale –, elle exprimait à la perfection, moralement et physiquement, tout ce qui séparait et continuera de séparer Munich et Vienne de Berlin.

* * * * *

Les souvenirs me reviennent lorsque je reviens en pensée à la Hofburg . Il me faut enregistrer quelques-uns des plus frappants.

Ainsi, je penserai à l'archiduc Jean, qui fut plus tard connu sous le nom de Jean Orth, nom d'un des châteaux de Marie-Thérèse sur le Danube, lieu préféré de tous les autres par cet être étrange.

Comme Rodolphe, avec qui il entretenait une grande amitié et une certaine entente, l'archiduc Jean ne pouvait respirer l'air des cours. Il m'a dit un jour : « Toi et moi, Louise, à bien des égards, nous ne sommes pas faits pour vivre ici.

Il m'intéressait, mais je n'aimais pas son esprit sarcastique. Il n'avait aucun des idéaux élevés de Rudolph. Lorsqu'il a disparu, j'ai cru qu'il vivait quelque part en secret et qu'il y avait une possibilité de sa réapparition. J'ai lu il n'y a pas longtemps dans les journaux qu'une personne qui aurait facilement pu être l'archiduc Jean venait de mourir à Rome, où il avait vécu retiré pendant vingt ans. Rome attire les âmes solitaires et désillusionnées du monde. Si cet inconnu était bien John Orth, il était bel et bien capable de méditer sur la grandeur et la décadence des empires.

Je quitterai cette ombre mystérieuse et parlerai de deux autres disparues, dont l'existence nous touche de plus près et constitue un problème d'État pour les esprits intéressés par ce sujet.

Je revois en imagination le bal où François Ferdinand d'Este montra par son attachement à la comtesse Chotek ce qui finirait par se passer entre eux. Il l'aimait et elle l'aimait ; Ils étaient mariés. Ce fut un grand événement. La comtesse était intelligente et intelligente, et elle ne déplaisait pas personnellement à l'empereur. Elle savait qu'il valait mieux ne pas offenser cet être borné. Mais son rôle dans les événements politiques de l'Europe centrale, à partir du jour où la mort de Rodolphe lui fit rêver d'un trône (même s'il ne s'agissait que de celui de Hongrie), fut plus important qu'on ne l'imaginait.

Il m'est venu à l'esprit plus d'une fois que si la France avait connu et supporté une politique autrichienne, elle aurait constaté que la comtesse Chotek , élevée au rang de duchesse de Hohenberg , avait des idées bien différentes de celles de Berlin. . Malheureusement la France a eu la faute (et elle me pardonnera d'oser le dire *en passant*) de séparer la politique de la religion, et d'oublier que la religion est la première de toute la politique. Elle s'est liée les mains, s'est bandé les yeux et s'est avancée vers l'Europe. Il y avait très peu de chances pour elle d'atteindre le Danube, la plus importante de toutes les routes européennes.

Je savais combien le roi des Belges déplorait l'aveuglement de la France, et ce qu'il disait à ce sujet à plus d'un Français distingué. En effet, l'inconvénient des gouvernements démocratiques était qu'ils étaient obligés de fournir de nombreuses écoles de pensée avant de posséder le petit nombre de principes qui constituent le fondement et tout le secret du gouvernement. Le principe religieux n'est pas le moindre d'entre eux.

Dans un pays où abondaient autrefois les hommes d'État et qui a connu une fin politique par une sottise corrompue, cette destructrice de caractères et de convictions, la comtesse Chotek , la femme aux convictions solides, s'est fait connaître grâce à la possession d'un cerveau politique.

Elle fait de Ferdinand d'Este un homme capable d'action et d'énergie. Son principal défaut, ainsi que celui de son mari, était que, par peur de montrer de la faiblesse, ils ne savaient pas faire preuve de bonté. L'archiduc héréditaire et son épouse étaient stricts dans l'entretien de leurs possessions foncières et taxaient le peuple avec une grande sévérité.

Il n'en fallait pas plus pour aggraver la haine latente contre l'héritier des trônes dans un État divisé contre lui-même, et, ajoutés à cette rivalité, il y avait de la jalousie et de l'inquiétude générale, et certaines bagatelles dues à la sévérité de François Ferdinand et de la duchesse de Hohenberg. ont été perfidement exploitées contre eux. Le jour de leur mort était décidé, le chemin préparé et les instruments choisis. Mais je dois passer sous silence les terribles événements d'hier, dont le résultat ne me permet pas de parler.

L'archiduc héréditaire et son épouse avaient contre eux une puissante camarilla. Ils n'avaient pas besoin de partisans et ils auraient pu s'opposer à cabale après cabale, mais leurs adversaires , presque tous cachés, avaient des projets en dehors de la Monarchie.

Ce n'est ni le lieu ni le moment d'évoquer le conflit d'influences dont Vienne fut le champ de bataille. Ce sera l'œuvre de quelque génie pénétrant et impartial qui sera peut-être en mesure d'éclairer le monde sur l'inutilité générale de la Cour d'Autriche pendant les dix ou quinze années précédant 1914. Il fera alors connaître au monde la l'histoire de l'un des conflits d'intérêts personnels et de vanité les plus redoutables que le monde ait jamais connu.

Il y avait à la cour de Vienne une camarilla composée d'un groupe d'hommes plus ou moins remplis d'ambition, qui se rassemblaient autour du souverain, gardant tous les abords de lui, et qui exploitaient le prince au mieux de leur haine et de leur avidité. A mesure que l'Empereur devenait de plus en plus une figure de proue, les anciens favoris se voyaient confrontés au pouvoir à venir. Ce pouvoir, pour les raisons moins importantes qu'on connaît, et pour d'autres plus grandes que celles-là, reconnut le mariage morganatique de François Ferdinand et le catholicisme ardent de la duchesse de Hohenberg , qui, par son caractère et ses rêves ambitieux pour ses enfants, , possédait des ennemis intérieurs et extérieurs. Il en résulta donc une troisième camarilla, la plus secrète et la plus redoutable, pour la simple raison que, dans une Cour où les individus se battent entre eux, ils combattent indirectement le monde entier. Ils ne trahissent pas seulement celui-ci ou celui-là, ils trahissent leur pays tout entier.

CHAPITRE IX
Ma sœur Stéphanie épouse l'archiduc Rodolphe, mort à Meyerling

Ma sœur cadette a passé une enfance heureuse à Bruxelles. À dix-neuf ans, elle était d'une beauté radieuse. Sans savoir avec qui elle allait se marier, elle avait été encouragée à espérer un mariage plus avantageux que celui de sa sœur aînée.

Le roi n'avait jamais été très enthousiaste à l'égard de mon mariage avec le prince de Cobourg. Il avait de plus grandes ambitions pour moi. Mais ma mère désirait ce mariage. Je lui ai déjà donné ses raisons.

Pour se venger de ses espoirs déçus, le roi propose à Stéphanie d'épouser un héritier du trône. Il avait pensé à Rodolphe de Habsbourg comme un mari possible pour elle, et la reine était d'accord avec lui. Quelle idée audacieuse ! Car, si honorable que fût la maison royale de Belgique, elle n'avait pas un rang aussi élevé que celle d'Autriche.

Je n'ignorais pas, comme je le raconterai tout à l'heure, le projet de ce mariage qui commença sous les auspices les plus éblouissants et se termina par la plus épouvantable tragédie.

L'histoire s'est davantage intéressée à la catastrophe finale qu'au récit des premiers jours de la vie conjugale de Rodolphe de Habsbourg et de Stéphanie de Belgique. Moi aussi, je discuterai du final et décrirai Rudolph tel que je le connaissais à la veille de sa mort.

Rodolphe avait alors trente ans. Il aurait facilement pu se qualifier de « bien-aimé des dieux ». Une grande cour était à ses pieds ; la plus belle ville du monde, après Paris, était une demeure où tout aurait pu lui appartenir. Le peuple de la monarchie plaçait en lui ses espoirs d'avenir. Il avait une femme que tout le monde enviait ; une fille qu'il comblait de caresses ; une mère noble et bonne qu'il adorait ; et enfin, un père dont le grand empire lui reviendrait ; mais Rodolphe, le malheureux et malheureux, préféra mourir.

Finissons-en une fois pour toutes avec les légendes de Meyerling et, autant que possible, finissons-en avec les mensonges qui y sont liés. Rodolphe de Habsbourg s'est suicidé !

On dit qu'il n'y a aucune preuve de cela. C'est faux; la preuve existe. Je suis capable de le donner.

L'histoire de la liaison qui conduisit Rodolphe de Habsbourg et Marie Vetsera au tombeau a souvent été racontée. Je me bornerai donc à relater quelques points peu connus.

Il y avait dans l'amour de l'archiduc héréditaire pour Marie Vetsera soit une fatalité sinistre, soit une influence sinistre...

Lorsque j'étais à Vienne, peu avant de me décider à écrire ces pages, je triais des papiers privés qui me rappelaient l'époque où j'étais le confident et l'ami de Rodolphe. Ayant terminé ma tâche, je suis parti faire un tour en voiture.

Au détour d'une rue bondée, mon attention fut attirée par la vue d'une vieille femme à l'air mélancolique, vêtue d'un costume sombre. Ma voiture roulait alors lentement, aussi je ne pouvais manquer de remarquer qu'elle semblait écrasée par de nombreuses calamités, pliée à terre sous le poids d'un lourd fardeau, et elle marchait près des bâtiments, touchant presque les murs tandis qu'elle passé. Son visage était complètement découragé et horrifié, et il était marqué d'innombrables rides tragiques. Dans cette apparition funèbre j'ai reconnu la mère de Marie Vetsera .

Qu'était-il arrivé à la femme intelligente du monde que j'avais l'habitude de rencontrer chaperonnant sa fille, alors en pleine épanouissement de sa jeunesse envoûtante ?

Il suffit de fermer les yeux pour voir Mary Vetsera , superbe et rayonnante lorsqu'elle apparaissait lors d'une soirée donnée par le prince de Reuss , ambassadeur d'Allemagne, la dernière apparition sensationnelle dans la société viennoise de la jeune fille qui allait devenir l'héroïne de "l'énigme sanglante" de Meyerling .

Mais l'énigme est très simple.

L'ARCHIDUC RODOLPHE

Il faut néanmoins être dans les coulisses pour tout voir et tout savoir. Et cela sera toujours difficile pour les journalistes, qui concoctent des versions déformées de « faits » qui sont les ennemis de « l'histoire ». Chaque journaliste continue de s'appuyer sur son imagination ou sur ses observations, qui varient selon son point de vue. Si la vérité tarde donc à éclater, ce n'est pas très extraordinaire. Ce qui est étonnant dans la presse, ce n'est pas tant qu'elle regorge de mensonges, mais plutôt qu'elle affirme parfois la vérité.

Je venais d'arriver à l'ambassade. Le prince de Reuss me quitta pour précéder ma sœur et son mari qui faisaient leur entrée officielle.

Rudolph m'a remarqué, et en partant Stéphanie est venue droit vers moi. « Elle est là », dit-il sans préambule ; " Ah, si seulement quelqu'un me délivrait d'elle ! "

"Elle" était Mary Vetsera , sa maîtresse au visage ardent. Moi aussi, j'ai jeté un coup d'œil à la séductrice. Deux yeux brillants rencontrèrent les miens. Un seul mot pour la décrire : Marie était une sultane impériale, qui ne craignait aucune autre favorite , tant elle était sûre de la puissance de sa beauté pleine et triomphante, de ses yeux noirs profonds, de son profil de camée, de sa gorge de déesse, et sa grâce sensuelle saisissante.

Elle avait entièrement pris possession de Rodolphe, et elle désirait ardemment qu'il puisse l'épouser. Leur liaison durait depuis trois ans.

Mary Vetsera était membre d'une famille bourgeoise d'origine grecque avec quelques prétentions à la noblesse. La famille, nombreuse et pauvre, espérait beaucoup de la faveur de l'héritier présomptif. Peut-être que la seule qui ne s'occupait pas des affaires du monde était une sœur de l'idole qui, contrairement à elle, n'avait pas le don de la beauté. Son mérite était d'un ordre moins périssable. Lorsque le drame de Meyerling engloutit Rudolph et son amour, cette sœur de la défunte Marie disparut dans un couvent.

Lors de cette soirée, j'ai été frappé par l'état d'épuisement nerveux de mon beau-frère (cette soirée a eu lieu, je le précise, dans la deuxième quinzaine de janvier 1889), mais j'ai cru bon d'essayer de le calmer en lui disant un un mot ou deux sur Mary qui lui plairaient, alors je disais tout simplement :

"Elle est très belle." Puis je regardai ma sœur parfaitement habillée, belle aussi d'une autre manière, qui faisait le tour de la pièce... Mon cœur se serra. Tous les trois, Stéphanie , Rudolph et Mary ont été malheureux.

Rudolph m'a quitté sans répondre. Un instant plus tard, il revint et murmura : « Je ne peux tout simplement pas m'arracher à elle.

« Quittez Vienne », dis-je ; "Allez en Egypte, en Inde, en Australie. Voyagez. Si vous êtes en mal d'amour, cela vous guérira."

Il haussa imperceptiblement les épaules et ne parla plus pendant la soirée.

Ce n'était pas une soirée agréable. Une atmosphère de malaise planait sur la brillante assemblée. Pour ma part, j'étais tellement déprimé qu'à mon retour chez moi, je n'arrivais pas à dormir.

J'avais suivi, pour ainsi dire, tous les développements graduels de la passion de Rodolphe.

Dès mon arrivée à la cour de Vienne, l'archiduc me plut immédiatement et il me donna son amitié. Nous avions presque le même âge. J'ose dire que nous nous ressemblions sur bien des points. Nos idées sur certains sujets étaient identiques. Rodolphe se confia à moi et je lui fis bientôt confiance.

Il m'arrivait souvent qu'après mon arrivée à Vienne je ne fusse pas toujours sur mes gardes. Dieu sait donc qu'il était digne de ma part de dire au prince, de la manière intime adoptée par ces familles royales et princières qui s'étaient imprégnées de l'esprit patriarcal allemand :

"Mariez-vous. J'ai une sœur qui est comme moi. Épousez-la." Il changea aussitôt de sujet en répondant : « Je préfère Middzi . » Middzi était une jolie fille, un parfait type viennois, une Parisienne de l'Europe de l'Est. Il a eu deux enfants d'elle.

Mais à la fin, la sagesse a prévalu en moi, peut-être ma volonté aussi, et j'ai trouvé dans la maternité le courage de supporter beaucoup de choses qui ont ensuite empiré et ne sont plus supportables. Je n'étais alors ni « fou, extravagant », ni « capable de toutes sortes de tromperies », comme le diront plus tard mes persécuteurs.

Au contraire. Pendant longtemps, mes qualités et mes vertus furent louées par des gens qui me couvrirent ensuite d'opprobre.

A cette époque, on disait que ma sœur cadette était une charmante et heureuse réplique de moi-même, et c'est pourquoi Rodolphe prit le train pour Bruxelles. Stéphanie devient ainsi la deuxième plus haute personnalité d'Autriche-Hongrie, la future impératrice de la double monarchie.

L'archiduc n'eut aucune peine à trouver grâce à ses yeux. Il était plus que beau ; il était fascinant. Il avait une silhouette légère, mais bien proportionnée. Malgré son apparence délicate, il possédait une forte constitution. Il m'a toujours fait penser à un pur-sang ; il en avait la forme, la carrure légère et le caractère. Sa force nerveuse était à la hauteur de sa sensibilité. Son visage pâle reflétait ses pensées. Son œil, dont l'iris était brun et brillant, prenait des nuances variées et changeait de forme au gré de son expression. Il passa rapidement de l'amour à la colère, et de la colère à l'amour. C'était un être déroutant, à l'âme captivante, changeante et raffinée.

Le sourire de Rodolphe fit peut-être une impression encore plus grande. C'était un sourire de sphinx angélique, un sourire particulier à l'Impératrice ; il avait aussi sa manière de parler ; et ces traits, ajoutés à sa personnalité séduisante et mystérieuse, charmèrent tous ceux avec qui Rudolph entra en contact.

Instruit et toujours prêt à accueillir les idées nouvelles, il recherche la société des artistes et des savants. Il était heureux en compagnie d'hommes tels que les peintres distingués Canon et Angeli , ainsi que Billroth , l'éminent professeur.

Mes lecteurs ne doivent pas s'attendre à un portrait à la plume de ma sœur. Il me serait difficile d'écrire sur elle en termes élogieux puisque j'ai dit qu'elle me ressemblait. Je dirai seulement qu'elle était plus belle.

Rudolph et Stéphanie formaient un duo bien assorti. Une fille leur est née, Elizabeth, aujourd'hui princesse de Windisgretz . Elle doit son indépendance matérielle à la fortune qu'elle a héritée de son grand-père, l'empereur François-Joseph, et ce fait ajouté à son indépendance d'âme a fait d'elle une personnalité très marquante.

Après la naissance de sa fille, ma sœur, presque le lendemain de son passage à l'église, a décidé de voyager. Elle a dit qu'elle voulait aller au bord de la mer et se remettre des effets de son confinement. Elle se rendit donc à Jersey, où elle resta un temps considérable.

Rudolph était opposé à son départ. Il a rejeté l'idée en disant qu'elle devrait rester avec lui, car il n'était pas en mesure de l'accompagner en raison de ses fonctions d'héritier présumé.

Mais nous sommes une famille qui, une fois décidée à faire quelque chose, est très difficile à convaincre du contraire.

Stéphanie était obstinée. Elle n'a jamais pensé que le devoir d'une jeune épouse était de rester le plus longtemps possible auprès de son mari, surtout lorsque celui-ci se trouvait être l'homme le plus exposé aux tentations de la cour de Vienne.

Rodolphe était très contrarié de la durée d'une absence qui, en réalité, ne pouvait être excusée que sous le prétexte qu'elle n'était pas aussi longue qu'elle aurait pu l'être.

La princesse héritière tomba malade. Lorsqu'elle échappa aux mains des médecins qui lui avaient prodigué leurs soins, on annonça à Rodolphe qu'il aurait peu de chances, à l'avenir, de redevenir père d'enfants légitimes.

Le coup fut violent. A partir de ce jour, il essaya d'oublier ses ennuis. Il s'efforça de les bannir par la boisson, la chasse et d'autres sortes de divertissements. Ce désir d'oubli s'est accru.

A ce moment critique, il rencontra Mary Vetsera . La première fois que sa beauté m'a été signalée, j'ai failli me trahir, ayant été placé dans une position inattendue et embarrassante, ce qui a servi à me montrer la hauteur que la passion peut atteindre dans une nature telle que celle de Rudolph.

Un soir, nous avons donné un dîner au palais de Coburg. Le prince héritier, selon son rang, était assis à ma droite et ma sœur était assise en face de moi.

Il y avait naturellement beaucoup de ragots à Vienne sur la liaison qui existait entre Rodolphe et Mary Vetsera . Stéphanie , grâce à sa dignité de caractère, s'est tue, mais je sais qu'elle a souffert. Je n'avais pas peur de parler de ce sujet délicat à Rodolphe, et j'avais exprimé l'espoir que les ragots étaient exagérés. Je voulais croire qu'il n'était que la victime d'un caprice passager. Pourtant, à ma propre table, en présence des domestiques, des convives surveillant (surtout ceux de ma sœur et de son mari) nos moindres mouvements, Rodolphe s'avisa de me montrer, à l'abri de la nappe et des décorations de table habituelles, la miniature d'un femme, cachée dans quelque chose qui ressemblait à un étui à cigarettes. «C'est Marie», dit-il; "que penses-tu d'elle?"

La seule chose que je pouvais faire était de faire semblant de ne pas le voir ni de l'entendre, et je me mis à parler à ma sœur de l'autre côté de la table. Mais après cela, de quelles folies Rodolphe ne se rendrait-il pas coupable ? Nous n'avons pas tardé à le découvrir !

Mon beau-frère est décédé le 30 janvier 1889, entre 6 heures et 7 heures du matin. Trois ou quatre jours auparavant, ma sœur était venue me voir un matin, ce qui était rare pour elle. J'étais toujours au lit, car j'étais fatigué. Stéphanie semblait anxieuse et perturbée.

« Rodolphe, dit-elle, va à Meyerling et compte y rester quelques jours. *Il ne sera pas seul.* Que pouvons-nous faire ?

Je me soulevai sur mes oreillers. J'ai ressenti un pressentiment étrange et sinistre. Je me souvenais des paroles de Rodolphe à la soirée du prince de Reuss . "Pour l'amour de Dieu", m'écriai-je, "va avec lui !"

Mais était-ce possible ? Hélas! Non. J'ai ensuite revu ma sœur alors qu'elle était veuve et mon beau-frère était mort, allongé en état, le visage exsangue enveloppé dans un bandage blanc.

L'après-midi du 28 janvier, je conduisais dans le Prater accompagné d'une dame d'honneur. C'était une belle journée d'hiver et le soleil persistait encore sur Vienne. Les chevaux avançaient au pas pour que je puisse jouir de la beauté du jour et me permettre d'apercevoir les voitures et les cavaliers et de reconnaître leurs salutations.

Dans la Hauptallee, j'ai remarqué avec étonnement Rudolph, seul et à pied, causant d'une manière animée avec la comtesse L., dont on a tant parlé et qui a tant publié, mais dont le rôle auprès de Rudolph était tel qu'il était ce n'est pas agréable pour moi de la connaître.

L'archiduc a vu ma voiture. Il m'a fait signe d'arrêter et s'est approché de moi. Il me parlait alors pour la dernière fois.

Je me suis souvent demandé pourquoi ses paroles insignifiantes me causaient une anxiété si indéfinissable. Je me souviens encore du son de sa voix et je n'ai pas oublié le regard particulier qui accompagnait ses paroles. Rodolphe était pâle et fiévreux ; il semblait au bord de la dépression nerveuse.

"Je vais à Meyerling cet après-midi", annonça-t-il. "Dites à Gros de ne pas venir ce soir, mais après-demain."

« Gros », pour parler avec tout le respect que je vous dois, était mon mari. Le prince de Cobourg faisait toujours partie des compagnons privilégiés des chasses et autres fêtes de plaisir de Rodolphe.

J'ai essayé de garder mon beau-frère à mes côtés pendant un moment ou deux encore et de l'inciter à dire quelque chose de plus. Je lui ai demandé : « Quand viendrez-vous me voir ? Cela fait longtemps que vous n'y êtes pas venu.

Il répondit en me regardant d'un air étrange :

"A quoi ça servirait de venir te voir ?"

* * * * *

Rodolphe séjourna à Meyerling du soir du 28 janvier jusqu'au matin du 30, seul avec sa maîtresse. Lorsque ses invités arrivaient pour la chasse, le rassemblement ressemblait exactement à une de ces fêtes païennes du temps de Néron et de Tibère, où la mort était conviée au banquet. Mais l'hôte condamné à mort était le prince lui-même, et il entraînait avec lui dans l'abîme la maîtresse impérieuse qui l'avait la première amené au bord de l'abîme.

Ils ont été retrouvés morts dans leur chambre. C'était un spectacle effrayant, et le comte Hoyoz en fut d'abord témoin , puis le prince de Cobourg.

Si Marie Vetsera était effectivement la force dominante, et comme Vénus ne voulait pas abandonner son prix, Rodolphe, dans un accès de désespoir et de rage, ne lui pardonna pas de l'avoir placé dans une position impossible ; mais il ne se pardonna pas non plus.

Le lendemain d'une orgie éprouvante, les deux amants périrent. Tout s'est produit avec une rapidité fulgurante.

Il était impossible pour Rudolph de continuer à entretenir deux ménages. Impétueux mais asservi, il ne supportait pas une liaison qui paralysait ses énergies, mais qu'il n'avait pas la force de rompre, tant était grande l'emprise que Marie avait acquise sur lui.

Les romanciers ont souvent décrit la situation effrayante de l' esclavage du corps et les protestations désespérées de l'esprit auquel seule la mort peut échapper.

Rudolph, à trente ans, n'aimait absolument pas la vie. Il était épuisé de vivre dans une atmosphère de cour qui l'étouffait. Sa mort de sa propre main était due à plusieurs causes, dont les suivantes sont les principales :

D'abord son regret amer d'un mariage qui ne lui a pas donné ce qu'il espérait, après sa déception de savoir qu'il ne pourrait pas avoir de fils ; l'impossibilité de réaliser le souhait de le dissoudre, souhait impie aux yeux de ses proches, du Saint-Siège et de l'Église catholique ; et enfin la certitude qu'il avait sur les chances de longévité de l'Empereur, cet être sans cœur, cette momie vivante, qui s'était embaumée de soins égoïstes et mesquins.

Rodolphe disait souvent : « Je ne régnerai jamais ; il ne me permettra pas de régner. »

Et s'il avait régné ?

Ah ! s'il avait régné ! Je connaissais tous ses projets et ses idées. Parmi eux, je dirai seulement que la modernité ne lui a pas fait peur. L'idée moderne la plus audacieuse lui aurait été acceptable. Il avait déjà détruit, en imagination, la machinerie usée de la monarchie austro-hongroise. Mais, comme des pièces d' armure invisibles tenues ensemble par des liens qui s'étendent, les contraintes, les formules, les idées archaïques, l'ignorance et les désillusions auxquelles il voulait toujours échapper, se refermaient sur lui. Sa vie fut une lutte perpétuelle contre une Cour faible, épuisée, aveugle et corrompue, dont la routine asservissait son corps sans entraver son intelligence. Il fut contraint soit de sombrer, soit de régner pendant un certain temps, puis de vaincre, de se débarrasser du vêtement brûlant de Nessus, d'ouvrir les fenêtres, de renverser la Grande Muraille de Chine et de chasser la camarilla.

Mais la monarchie austro-hongroise périrait plutôt que de changer. Il est allé à sa mort avec un coursier à l'avance !

La triste nouvelle de la mort de Rodolphe arriva à Vienne le matin du 30 janvier. La consternation générale régnait. Dans l'après-midi, un des aides de camp de l'Empereur vint voir s'il pouvait obtenir de mes nouvelles.

J'étais à peine capable de parler. On m'avait dit que le prince de Cobourg avait assassiné mon beau-frère !

Il y avait à Vienne et à la Cour des âmes charitables qui n'admettaient pas que l'affection de Rodolphe pour moi était seulement fraternelle.

Ah ! si l'on savait à quelle jalousie et à quelle méchanceté les plus hauts s'exposent !

Après la mort du prince héritier, toutes sortes d'histoires et de ragots scandaleux allaient bon train !

J'ai dit à l'aide de camp que je ne savais rien d'autre que la tragique nouvelle de la mort de Rudolph et Mary Vetsera , et que mon mari, parti le matin même à six heures pour tirer sur Meyerling , n'était pas revenu.

Entre-temps, j'avais vu une des dames d'honneur de Stéphanie , qui m'avait raconté la catastrophe. Maîtrisant mes émotions, je suis allé voir ma sœur à la Hofburg .

Je la trouvai pâle et silencieuse, tenant à la main une lettre dont le secret doit maintenant être livré à l'histoire.

Cette lettre, qui venait d'être découverte, adressée à Stéphanie dans le bureau privé de Rudolph, annonçait son décès. Il avait déjà décidé de suivre cette voie lorsqu'il m'a parlé au Prater. La lettre commençait ainsi :

"Je prends congé de la vie." C'était trop pour moi de lire ça. Les mots étaient brouillés par mes larmes. "Soyez heureuse à votre manière", dit-il à sa femme. Et sa dernière pensée fut pour son enfant. "Prends grand soin de ta fille. Elle m'est très chère. Je te laisse ce devoir." Enfant malheureux, qui n'a pas eu de père. Je l'ai souvent plaint, et je la plains plus que jamais. Elle ne sait pas ce qu'elle a perdu.

Le prince de Cobourg ne revint au palais que dans la nuit du 31, après avoir passé de nombreuses heures seul avec l'empereur. Il est venu aussitôt dans ma chambre. Son état perturbé et ses paroles insensées montraient à quel point il était désemparé. Je l'ai pressé de me donner quelques détails sur la tragédie. "C'est horrible, horrible", a-t-il déclaré. "Mais je ne peux pas, je ne dois rien dire sinon qu'ils sont morts tous les deux." Il avait juré à l'empereur de se taire, ainsi que les autres amis de Rodolphe partis tirer sur Meyerling . Le secret était bien gardé. Les domestiques qui auraient pu parler n'ont, pour de très bonnes raisons, rien révélé.

Lorsque j'allai voir l'Impératrice, à sa demande, je me trouvai en présence d'une statue de marbre recouverte d'un voile noir.

J'étais tellement agité que je pouvais à peine me tenir debout.

Je baisai passionnément la main qu'elle me tendait, et d'une voix brisée comme celle de la mère au Calvaire, elle murmura :

"Tu pleures avec moi ! Oui, je sais que toi aussi tu l'aimais."

Oh, malheureuse mère ! Elle adorait son fils. Il l'aida à supporter cette vie étouffée dans les cendres que son méchant père menait aux côtés de celui qui était si noble. Après que Rodolphe lui eut été arraché et à son avenir impérial, l'Impératrice s'enfuit de cette Cour qui ne lui servait désormais plus, et elle rencontra la mort seule. On sait par quel coup soudain et cruel elle mourut, victime innocente du châtiment de son rang.

J'ai vu, je vois dans les drames successifs de la maison d'Autriche un châtiment envoyé par le Ciel. Un enchaînement de morts sanglantes qui rappelle les tragédies de Sophocle ou d'Euripide n'est pas un simple jeu de hasard. La justice des dieux est toujours celle de Dieu. La cour de Vienne était destinée à périr horriblement. Il avait tout trahi ; ses traditions d'abord, car rien de noble ne restait, même ses intrigues étaient basses. Ce n'était qu'une salle de domestiques pour les valets de Berlin. Et après que François-Joseph ait comparu au célèbre congrès eucharistique à la veille de la guerre et se soit tenu devant l'autel en tant que prince de la foi, il est allé terminer sa journée ennuyeuse chez Madame Schratt et écouter les potins de Vienne. et les rapports peu recommandables de l'actualité policière !

Rudolph est mort de dégoût !

CHAPITRE X
Ferdinand de Cobourg et la cour de Sofia

La gloire de la famille de Cobourg atteint son apogée à l'époque de Léopold Ier et du Prince Consort.

Ils ont donné au monde une série de princes véritablement faits pour gouverner. Leur influence directe sur la Belgique, et indirectement sur l'Angleterre, créa une période de paix et une « Entente » dont les résultats bénéfiques sont si bien connus.

Plus tard, lorsque mon père poursuivit l'œuvre brillante que lui avait léguée le roi Léopold, le duc Ernest, prince régent du duché de Saxe-Cobourg-Gotha, ne se montra pas moins inférieur à son cousin de Bruxelles. A Vienne, le prince Auguste , qui était si bon et avec qui malheureusement j'avais très peu de relations en tant que beau-père, a également prouvé qu'il était un homme de valeur .

Parmi les différents Cobourg , ceux de Vienne qui étaient les frères de mon mari représentaient avec lui la descendance mâle laissée pour perpétuer le nom de la race.

Je citerai principalement Ferdinand, l'ex-tsar de Bulgarie. Je ne m'étendrai plus sur la branche de ma famille à laquelle il appartenait. Son rôle dans l'histoire contemporaine est suffisamment connu.

Ferdinand de Cobourg, qui vit encore au moment où j'écris ces lignes, est un des êtres les plus curieux qu'on puisse imaginer. Pour le décrire adéquatement, il faut la plume d'un Barbey d'Aurevilly ou un Balzac.

Plus mon esprit devient clair à mesure que je vieillis, et plus j'essaie de comprendre cet étrange personnage, moins je le comprends lorsque je le considère du point de vue ordinaire de la psychologie humaine.

J'ai lu que la femme est une énigme. Je crois qu'il y a des hommes qui sont des énigmes plus déroutantes que n'importe quelle femme. On ne peut que se demander si cet homme ne s'est pas créé, plus encore que Guillaume II, un monde artificiel qui lui est propre dans lequel il a souhaité vivre. Je dirai tout à l'heure *quel* monde a séduit selon moi Ferdinand de Cobourg. Je comprends que toute éducation princière qui tend à encourager l'estime de soi des princes par le respect extérieur et la flatterie doit nécessairement accentuer leurs particularités, à moins qu'une influence salutaire ne retienne les incitations de la vanité du monde.

Une mère vraiment supérieure était incapable de réguler les dons mentaux incontestés de Ferdinand. Il est né à l'automne du temps de la princesse Clémentine . C'était son Benjamin. Elle était faible comme l'eau en ce qui le concernait. Cette force, plus grande que toutes les forces, à savoir l'amour maternel, a aussi ses faiblesses. Les mauvais fils en abusent, et, selon les lois de cette justice dont les effets sont souvent invisibles, mais dont les jugements et les châtiments sont quelquefois visibles, ce fils mérite une peine sévère.

Il avait seize ans lorsque j'arrivai au château de Cobourg. Il était léger et élégant ; sa figure, éclairée par des yeux azur, avait toute la beauté de la jeunesse alliée à quelque chose du type Bourbon. Le feu de l'intelligence et l'envie de lire le livre de vie l'animaient.

Il a promis d'être différent en tous points de son frère aîné. Dans son caractère moral, il paraissait posséder les bonnes qualités de son second frère, le charmant Auguste de Cobourg, mais elles ne servaient qu'à contribuer à former l'allure distinguée qui lui devint plus tard naturelle et qui cachait sous une apparence brillante un caractère complexe. et nature orageuse.

J'avais un an de plus que lui. Nous étions la vie et l'âme du vieux palais, et parfois j'arrivais à oublier sa monotonie et mes propres ennuis. J'étais le confident de Ferdinand et je n'hésitais pas à le faire mien.

Bien que Ferdinand se soit montré plus tard hostile à mon égard, il s'est consacré à cette époque à plaire à sa belle-sœur et l'a entourée de fleurs, d'attentions et de bontés. Mais il se trouva par hasard (et cela dura longtemps) que l'aîné et le plus jeune des frères Cobourg se trouvèrent hostiles à mon égard, bien que ce sentiment ne se manifestât pas extérieurement. Il faut que je raconte ces incidents, sinon il serait difficile d'expliquer la présence des nombreux ennemis qui m'accablent un jour. Cette inimitié provenait de la même cause misérable qui sera éternellement à la base de tant de drames humains : à savoir la jalousie de l'homme et ses appétits lubriques contrariés par les règles de la morale.

Ferdinand de Cobourg, idolâtré par sa mère, accepté comme un enfant gâté par la société, initié très tôt aux plaisirs les plus raffinés, se laisse transporter par son imagination exaltée dans un monde à lui. J'ai vu, je vois encore en lui une sorte de nécromancien moderne, un magicien *fin de siècle* . Il était kabbaliste comme M. Péladan était un sage de l'Orient, et de ces aventures il résulte toujours quelque chose qui influence le destin.

Si d'abord je ne l'ai vu faire que des gestes qui me paraissaient étranges, sans expliquer ce que cela signifiait, je suis maintenant parvenu, par mon expérience des hommes et des choses, à comprendre pourquoi il était alors si incompréhensible. Il devait avoir été possédé par une puissance au-delà de cette terre. Mais il ne croyait pas en Dieu ; il croyait au Diable. Je ne raconterai que ce dont je suis sûr. Je vais seulement dire ce que j'ai vu. Je ne veux pas être plus superstitieux sur certaines choses, ni plus troublé d'âme que

Ferdinand de Cobourg. Je me demande à quelle secte fantastique, à quelle confrérie satanique il appartenait à ses débuts, sans doute dans l'idée de poursuivre ses ambitions et ses extraordinaires rêves d'avenir.

Je me souviens que dans notre palais de Vienne, Ferdinand me demandait parfois de jouer avec lui lorsque nous étions seuls le soir. Il a insisté pour que la pièce soit faiblement éclairée. Il s'approchait alors du piano et écoutait en silence. A minuit, il se levait solennellement, les traits tirés et contractés. Il regardait alors l'horloge et écoutait le premier des douze coups, et quand ils approchaient de la fin, il disait :

"Joue la marche d' *Aïda* ." Puis, se retirant au milieu de la pièce, il prenait une attitude cérémonieuse et répétait des paroles incompréhensibles qui m'effrayaient.

Ferdinand avait l'habitude d'articuler des formules cabalistiques, étendant les bras, le corps courbé et la tête renversée. Parmi les phrases mystérieuses, un mot qui ressemblait à *Koptor* , *Kofte* ou *Cophte* était souvent répété. Un jour, je lui ai demandé de l'écrire. Il traça des lettres dont je ne pus rien faire, sauf qu'il me semblait reconnaître des sortes de caractères grecs.

Après ces séances, je l'ai interrogé, car pendant qu'elles se déroulaient, je devais me taire et jouer la marche d' *Aïda* . Il répondait invariablement : "Le Diable existe. Je l'invoque et il vient !"

Je n'y croyais pas; Je veux dire que je ne croyais pas à la visite réelle du Diable, mais j'avais quand même un peu peur, et quand mon beau-frère recommençait ses incantations, je regardais autour de moi pour voir s'il n'y avait rien d'extraordinaire dans la pièce. Mais il n'y avait rien d'inhabituel à part Ferdinand et ma propre curiosité – et peut-être la vision non révélée de notre avenir à tous deux !

Plein d'excentricités, il enfouissait les gants et les cravates qu'il avait portés. Il y avait tout un cérémonial attaché à cela, auquel j'étais parfois obligé d'assister. Ferdinand creusait lui-même le trou et répétait d'étranges phrases d'un air mystérieux.

Sa bouche prendrait alors cette expression amère que l'âge a accentuée. A-t-il bien jonglé avec le Prince du Mal, et a-t-il ainsi acquis l'esprit dominateur qui est devenu si fort en lui ?

A-t-il cherché dans ces pratiques une sorte de stimulant cérébral sous l'action duquel, je crois, l'autosuggestion devient dangereuse ?

Je laisse aux médecins, aux occultistes et aux casuistes le soin de diagnostiquer ce cas. Je ne suis qu'un témoin, rien de plus.

Ferdinand n'était pas encore prince de Bulgarie. Il n'était connu que comme un charmant lieutenant dans les chasseurs autrichiens, qui avait quitté les hussards parce qu'il n'était pas en sympathie avec l'animal dont on peut tomber, et qui est généralement censé être la plus noble conquête de l'homme. Je veux dire clairement que Ferdinand de Cobourg était un misérable cavalier. Qui aurait cru que cet officier d'origine noble, échangé dans un régiment d'infanterie, posséderait plus tard un trône et rêverait de devenir empereur de Byzance ?

Il dessina sa couronne et arrangea son entrée dans l'État et son couronnement, tout comme le misérable empereur Guillaume qui voulait se couronner *Welt Kaiser* à Notre Dame de Paris, et je n'hésite pas à dire qu'il rêvait d'une cérémonie à laquelle le Pape viendrait, bon gré mal gré, et que toutes les confessions seraient conciliables en sa personne impériale, auguste et sacrée.

Il est réellement impossible aujourd'hui qu'un homme soit roi selon l'ancienne formule du pouvoir absolu. Ce genre de vin est trop fort ; ça monte à la tête.

Autrefois, un prince, même autocrate, ne voyait ni ne comprenait qu'un petit nombre de fidèles le gardaient et le retenaient autant qu'ils le servaient. Il fut habituellement en guerre pendant les trois quarts de son règne et partagea la vie rude et les privations d'un soldat. Désormais, il écoute mille voix, mille personnes et les appels de mille devoirs. Il ne combat plus en personne, et il y a en outre de longues périodes de paix. Le confort l'entoure et l'énerve ; de merveilleuses inventions et découvertes ont tout changé autour de lui. Mais même si les valeurs et les aspects de la société et des individus sont totalement modifiés, tout reste toujours à ses pieds.

Il y a quelque chose à perdre la connaissance des réalités comme l'a perdue le malheureux tsar Nicolas, comme l'a perdue Guillaume II et comme l'a perdue Ferdinand de Bulgarie. Car Ferdinand s'est emparé du pouvoir et l'a gardé comme un autocrate, et je suis convaincu qu'il me sera reconnaissant de ne pas m'étendre sur sa politique et sur les méthodes qu'elle a employées.

Il avait obtenu le trône grâce à l'aide de la princesse Clémentine , ambitieuse pour son fils bien-aimé. Quel dommage qu'elle n'ait pas vécu plus longtemps ! D'autant plus que, dans sa passion pour l'autorité, Ferdinand essayait de dominer sa mère, à qui il disait parfois, avec son caractère autoritaire, des paroles qu'elle n'entendait heureusement pas à cause de sa surdité. Si elle avait pu rester sur terre pour le conseiller, il aurait peut-être mené une vie meilleure. Qu'il l'ait écoutée ou non est une autre affaire.

En même temps, c'est elle qui lui procura la couronne de Sofia, et elle le maintint pendant ses périlleux débuts de souveraineté. Elle donna des millions à l'établissement princier et à la principauté.

L'avènement de Ferdinand comme prince fut d'abord combattu, puis reconnu ; finalement il adopta le titre de Tsar. Il aurait pu dire comme Fouquet : « Quo non ascendam ? Tout a réussi avec lui. Bientôt, il devint si sûr de lui qu'on le vit à cheval. Je peux sincèrement l'affirmer, car j'ai choisi l'une de ses montures préférées ; celle-ci venait de nos écuries en Hongrie et était une jument bai grande, stable et au dos fort. Ferdinand était un grand homme puissant, qui avait besoin d'un animal au caractère impassible qui n'aurait pas peur des armes à feu, des acclamations ou de la musique militaire. J'ai moi-même essayé la jument sur le Prater en présence de l'envoyé du prince. Nous avions vraiment trouvé exactement ce qu'il fallait pour Ferdinand, mais j'aurais été plus que désolé de l'avoir moi-même, car c'était tout à fait trop ennuyeux, aucun bruit ne l'effrayait ; et il fut envoyé à Sofia, où Ferdinand s'exhiba, monté sur ce bel animal, sur lequel il rêvait probablement d'entrer à Constantinople. Sa guerre contre les Turcs n'est pas oubliée. Il se croyait déjà aux portes de Byzance.... Mais je ne veux pas raconter ce que tout le monde sait. Je préfère montrer sous un jour nouveau le drame secret que provoqua son mépris diabolique de Dieu et des lois morales de la civilisation chrétienne, lorsqu'il baptisa et éleva ses fils dans la religion « orthodoxe » d'où est issu le bolchevisme — tout comme la guerre européenne l'a fait. est née du luthérisme , et tout comme les épreuves les plus terribles de l'Angleterre naîtront de ses disputes religieuses.

Ferdinand de Bulgarie, né dans la foi catholique, épousa d'abord Marie Louise de Parme, fille du duc de Parme, fidèle serviteur de la foi romaine et apostolique. Ce mariage, célébré lorsqu'il était prince de Bulgarie, n'avait pas été consenti sans la condition expresse que les enfants seraient baptisés et élevés dans la religion de leur mère et de leurs ancêtres. Cela constituait un article formel du contrat. Ferdinand y consentit solennellement. Mais lorsqu'il pensa que l'appui de la Russie pourrait lui être utile dans ses projets concernant Constantinople, il n'hésita pas à rompre ses vœux ; il livra ses deux fils au schisme russe. Marie Louise de Parme, mère des âmes de ses enfants, trahie, repoussée et brisée dans sa croyance en son mari, s'enfuit aussitôt du Konak de Sofia et vint à Vienne cacher sa douleur et sa peur dans les bras sympathiques de son mari. belle-mère, qui a également été torturée par le blasphème de son fils.

Ceux qui ont quelques idées sur la question de la conscience, notamment lorsqu'elle touche aux convictions religieuses, comprendront aisément l'intensité de ce drame.

J'étais alors au château de Cobourg. J'y ai vu arriver la princesse de Bulgarie après s'être enfuie du palais, où, de l'avis de cette pieuse mère, ses enfants innocents avaient perdu l'espoir du salut. C'était sans doute beaucoup à supporter. Dieu est bien plus grand que nous l'imaginons. Nos interprétations de sa justice, bien qu'inspirées de la révélation, sous-estimeront toujours sa compassion, car nous n'avons pas les mots pour exprimer, encore moins pour expliquer, la survie des âmes.

La pauvre princesse était naturellement extrêmement malheureuse. Je me souviens bien de son visage pâle et angoissé, de son indignation et de son désir de faire annuler son mariage à la Cour de Rome.

Craignant que Ferdinand ne vienne la ramener de force à Sofia, elle insiste pour rester près de la princesse Clémentine , qui fait installer un lit de camp dans une petite chambre attenante à la sienne. La princesse de Bulgarie ne se sentait en sécurité que dans ce refuge.

La raison d'État et l'impossibilité de vivre sans voir ses enfants, retenus prisonniers du trône de leur père, se révélèrent finalement plus fortes que la rébellion et le désespoir de la princesse. Quelques mois plus tard, elle consentit à retourner à Sofia.

La maison de Parme était, comme elle, stupéfaite. Le Saint-Siège avait excommunié Ferdinand. Cette malédiction jeta le deuil toute la famille de Parme ; ils avaient été si confiants et si fiers de l'amour de Ferdinand, dans lequel ils lui avaient témoigné leur confiance en lui donnant une de leurs filles.

Je vis ensuite la pauvre princesse de Bulgarie à Sofia. Elle était héroïquement revenue à ses devoirs conjugaux ; elle venait tout juste de se remettre de son accouchement.

Qui sait – qui saura un jour – ce qui s'est réellement passé dans son esprit ? Consumée par des chagrins intérieurs, elle en est peut-être morte. Elle faisait partie de ces âmes sensibles qui meurent le cœur brisé.

J'ai souvent pensé à elle. Elle a été une martyre de l'amour de ses enfants. Une visite à Sofia en 1898 reste gravée de manière indélébile dans mon esprit.

Mon mari m'accompagnait, mais il y avait toujours quelque chose d'indéfinissable et d'indéfini entre lui et son frère, probablement l'inimitié inconsciente dont j'ai parlé précédemment. Nous n'aurions cependant pas pu être accueillis plus chaleureusement. La vie du Souverain était merveilleusement bien organisée dans ce pays encore primitif. Rien ne manquait au palais. Là, l'Est et l'Ouest étaient joyeusement unis.

Ferdinand m'a donné pour garde personnelle une sorte de brigand honnête, vêtu de manière pittoresque à la mode orientale. Depuis que cet homme avait reçu l'ordre de veiller sur moi et de n'obéir qu'à mes ordres, il se tenait devant ma porte, et jour et nuit il n'en bougeait plus. Mon mari lui-même n'aurait pas pu entrer sans ma permission. Je n'ai jamais compris comment cette féroce sentinelle faisait pour être toujours sur place.

Mon beau-frère m'a témoigné une attention des plus délicates et des plus raffinées. Il m'a constituée la reine de ces jours de fête. J'ai été bouleversé par l'hommage de son entourage. Chaque repas était une merveille décorative et culinaire. Les Sybarites auraient apprécié la cuisine du Palais de Sofia.

J'ai toujours apprécié les repas qui sont des repas. Il ne coûte pas plus cher de manger un bon dîner que d'en manger un mauvais ; c'est une faiblesse du corps et de l'esprit, un crime contre le Créateur, que de dédaigner la nourriture quand elle est préparée avec soin. Si nous avons reçu le don du goût, et si les bonnes choses existent sur la terre, elles le sont également pour les uns comme pour les autres. Ferdinand avait en tout cas cette croyance épicurienne.

Chaque soir, après le dîner, il y avait une danse au palais. Les officiers bulgares étaient des danseurs des plus entreprenants. Formés à Vienne ou à Paris, ils connaissaient l'art de la conversation. Ils se distinguaient par un air instinctif de noblesse, comme le sont tous les fils d'une race virile et essentiellement agricole, aux perspectives saines et larges.

Le jour, le prince faisait les honneurs de sa capitale et de son royaume. Nous avons rappelé les souvenirs du palais de Cobourg et de nos anciennes excursions et fêtes. Nous sommes retournés en esprit dans cette Forêt d' Elenthal si chère à notre jeunesse. Nous avons roulé, accompagnés d'une escorte que je n'ai jamais cessé d'admirer. J'ignore si les routes bulgares se sont améliorées, mais à l'époque où j'écris, elles étaient peu nombreuses, et elles étaient entretenues aux dépens de la Providence. A peu de distance de la capitale, ils sont devenus des pistes. Mais l'escorte suivait sans broncher, totalement indifférente aux obstacles de toute sorte qui encombraient une route déjà trop étroite. J'ai rarement vu l'égal de l'homme ou de la bête pour franchir les crêtes, les murs et les fossés. C'était de la sorcellerie à cheval.

Ferdinand était superbement indifférent à tout ce qui n'avait aucun rapport avec sa belle-sœur. Je le regardais et je pensais au culte du diable de notre jeunesse. Il a toujours été étrange. Je vis maintenant, comme je l'avais vu autrefois, l'amulette à sa boutonnière, déguisée en décoration, un bouton façonné en forme de marguerite jaune joliment exécutée en métal de la même teinte que celle du cœur de la fleur. Chaque fois que je l'interrogeais sur ce « gri-gri », il prenait un air sérieux et me faisait comprendre que c'était quelque chose dont il ne pouvait pas discuter.

Il nous avait instamment prié de passer un peu de temps avec lui. Avait-il la même idée qu'il m'avait autrefois exposée ouvertement au dîner, et qu'il avait soulignée d'une autre manière en privé ? Je ne peux pas le croire.

Je pense que, emporté par ses pensées, il n'était plus maître de lui-même. Je ne sais pas si j'ai jamais été fou, comme son frère aîné voulait tant le croire, mais je suis absolument sûr que Ferdinand de Cobourg n'a pas toujours eu la raison.

Oui, cet érudit spirituel, cet amateur d'art, cet amoureux des fleurs, ce délicieux ami des oiseaux de sa volière à qui il racontait des contes de puériculture et charmait comme un charmeur d'oiseaux professionnel, cet homme du monde accompli, ce fils de La princesse Clémentine , et ce petit-fils de la reine Marie, revêtaient souvent une sorte de personnalité démoniaque et se livraient aux mauvais délices de la sorcellerie.

Lors d'un dîner, dont je me souviens comme si c'était hier, il dit à voix basse pour que mon mari ne puisse pas entendre (mon mari étant en face de moi à la place de la princesse, absente pour cause d'indisposition) :

" Vous voyez tout ici. Eh bien ! Tout est mon royaume ; je le mets, moi y compris, à vos pieds. "

Je ne pouvais qu'accueillir cette déclaration romantique comme une bravoure fantastique plutôt que comme une déclaration littérale. J'ai essayé de répondre comme si je traitais la remarque comme une blague. Mais en dehors de son expression qui démentait le ton posé de sa voix, j'avais plus d'une raison de me méfier de Ferdinand, maintenant que son imagination était dominée par le désir.

En effet, le soir même, il vint me voir et, m'éloignant des danseurs, me conduisit dans une autre pièce où une porte-fenêtre était ouverte sur la nuit orientale et le calme du petit parc, et me demanda si j'avais compris ce que c'était. Il avait dit.

Son ton était dur et son regard sévère. Il y avait chez lui quelque chose d'impérieux et de fascinant. J'étais très perturbé. Il insista brusquement :

"C'est la dernière fois que j'offre ce que j'ai offert. Comprenez-vous ?"

Mes yeux se sont tournés vers le salon. Je voyais à côté de moi le prince de Bulgarie si différent de son frère, encore jeune, beau et plein de puissance. Mais l'image de la princesse Marie Louise défilait devant mes yeux, ainsi que la vision de la reine... Je secouai la tête et murmurai un « non » effrayé.

Je devais avoir l'air pâle comme de la cire. Le visage de Ferdinand changea. Ses traits prirent une expression sinistre ; lui aussi pâlit, et d'une voix rauque il me menaça en me disant d'un ton ricanant :

"Faites attention. Vous vous en repentirez. Par ' Kophte ' (?)."

Il ajouta ces mots incompréhensibles qu'il employait toujours lorsqu'il me demandait de jouer, à minuit, la marche d' *Aïda* dans le salon obscur.

Ce soir-là, j'ai senti que quelque chose de dangereux m'attendait. C'était ainsi; à partir de ce moment Ferdinand de Cobourg rejoignit son frère dans son inimitié envers moi. Et son inimitié n'était pas une mince affaire.

Je suis tout à fait conscient que ces faits paraîtront incroyables à la plupart des gens. Cela ressemble plus à une vieille romance d'Anne Radcliffe ! Mais tout, dans la vie publique et privée de Ferdinand de Cobourg, *était* incroyable. Je ne souhaite pas faire référence au jugement que lui a déjà porté l'histoire. Mon désir n'est pas de me réjouir de sa chute, mais de montrer dans quel cadre inconcevable j'ai vécu. J'étais membre d'une famille où tout était parfait et en même temps exécrable. Malheureusement, je n'étais pas alors en mesure d'aimer le bien et d'éviter le mal. Il m'a fallu vingt ans pour m'en échapper.

Ferdinand de Cobourg a commencé son châtiment sur terre. Le connaissant comme je le connais, je suis certain qu'il souffre intensément, même s'il peut parfois recevoir des consolations du Diable !

Je pense qu'il se considère comme un surhomme. Cet imbécile de Nietzsche, en faisant revivre une théorie vieille comme le monde, selon laquelle les surhommes s'appelaient cavaliers, guerriers, héros et demi-dieux, a fait tourner un nombre considérable de têtes dans les pays allemands. Il leur a fait d'autant plus de mal que leur surhumanité , infestée par le matérialisme morbide du siècle, s'est séparée de l'idéal qui animait autrefois ces puissants personnages et les a élevés à l'honneur au lieu de les attirer au crime. Il est certain que des motivations et des méthodes méprisables ne peuvent aboutir qu'à une terrible défaite matérielle et morale. Ferdinand de Cobourg, ambitieux dès sa jeunesse, fut l'élève de Nietzsche à l'époque où ses théories accédèrent à la notoriété. Nietzsche a donc eu pour disciple un être qui est aujourd'hui l'une des victimes les plus notables de Zarathoustra.

CHAPITRE X I
Guillaume II et la cour de Berlin : l'empereur de l'illusion

Je veux parler de Guillaume II comme d'un mort. Il n'appartient pas à ce monde ; il appartient à un autre.

Il faut m'excuser si je suis avare d'anecdotes. Il me serait douloureux de rappeler à la vie et au mouvement celui qui est décédé. Mon désir est de me limiter à expliquer des effets dont je connais la cause.

Il était puéril de souhaiter, sous de hautes paroles vaines, une chose aussi insignifiante que l'arrestation et le procès d'un gouvernement plongé dans la honte.

La société ne peut reconnaître aucune loi divine dans les crimes contre la civilisation, puisqu'elle place l'homme au-dessous du niveau de la bête.

Guillaume II tomba du trône et fut arrêté par une main plus puissante que celle de la justice terrestre. Il a connu la prison la plus sévère de toutes : l'exil ; le régime le plus effrayant : la peur ; la sentence la plus terrible : celle de la conscience. Qui connaîtra le secret des nuits de ce fugitif traître à son peuple qu'il a nourri de tromperies et de mensonges, et qu'il a conduit à la ruine, à la guerre civile et au déshonneur ? Car non seulement il s'est déshonoré lui-même, mais il a déshonoré l'Allemagne en déshonorant ses armes.

Où est l'honnête Allemand remis de l'ivresse de la guerre, qui peut entendre sans frémir le nom de Louvain, de la *Lusitania* , des gaz toxiques et d'autres horreurs ? Mais la responsabilité de tous ces crimes doit reposer sur Guillaume II.

Il faudra des siècles pour effacer la tache de sa folie meurtrière. Ceci constitue l'ombre sur le malheureux Empire qui le fait apparaître monstrueux aux yeux des nations de l'Entente.

Mais je tiens à le dire tout de suite, parce que j'en suis certain, que l'Allemagne est ce que la Prusse impériale a faite et fera encore d'elle.

Victime de sa confiance et de sa candeur , elle accepta comme évangile tout ce que son Souverain, héritier d'ancêtres victorieux, lui déclarait, professaiait et lui enseignait.

Il est plus difficile d'hériter d'un royaume qu'on ne le pense, et je le dis sans ironie. Guillaume II n'était pas humain comme son grand-père, qui s'écria en voyant le sacrifice des cuirassiers de Reisdroffen : « Ah, mes vaillants hommes ! Guillaume II ne possédait rien de son père, qui méritait le nom de Frédéric le Noble, et qui mourut de deux maladies, celle de la gorge et celle de sa fébrile impatience de régner.

Guillaume II était charmant enfant. Enfant, il était un camarade de jeu aimable. Nous avons pillé ensemble les fraisières de Laeken , sacrilège qui n'a été pardonné qu'à cause de lui.

J'ai suivi sa carrière autant que possible. Je le croyais génial. J'ai beaucoup entendu parler de son pouvoir non seulement par son propre peuple, mais par tout le monde. Il avait un rôle merveilleux à jouer. Il ne savait pas comment en jouer ; il ne pouvait pas; il lui manquait les moyens, et peut-être avant tout une épouse intelligente et bonne. Il n'avait aucune profondeur d'âme. Une autre épouse aurait peut-être pu lui fournir cette qualité.

François-Joseph, au début de sa carrière active d'empereur, était presque brillant ; il paraissait certainement distingué. Trente ans après, son visage prend une expression de vulgarité que ses premiers portraits ne laissent pas présager, même si de loin il donne encore l'impression d'être « quelqu'un ». Mais le *moral élevé* de l'Impératrice se reflétait quelque peu en lui.

Moins heureux en épouse, plus Guillaume II a vécu, plus son apparence, son discours et son allure se sont détériorés. Deux hommes, feu le roi Édouard VII et mon père, le roi des Belges, prirent sa mesure exacte et n'augurèrent rien de bon pour son avenir.

L'opinion intime de mon père sur lui m'est souvent revenue, mais cela entraînerait un chapitre à part et nous mènerait loin. Je me bornerai à dire que le roi avait toujours prévu que l'Allemagne, enivrée des péroraison guerrière de Guillaume II, qui était un prédicateur de l'ancien régime prussien, finirait par se jeter sur la Belgique, sur la France et sur le monde entier.

Les défenses de la Meuse témoignent de manière convaincante de la prévoyance du roi. Mais nous ne saurons jamais tout ce que le roi a dit, ce qu'il a fait et ce qu'il a voulu faire en cette affaire.

Malheureusement, certains partis et certains hommes influents en Belgique s'opposèrent à tort à ses projets au lieu de les mettre en œuvre. Le pays a cruellement souffert de cette erreur.

Par quels moyens Guillaume II est-il arrivé à ces fausses conclusions qui ont balayé les trônes de l'Europe centrale et qui ont causé tant de calamités ? Ce n'était pas, comme l'a pensé l'Entente, le résultat d'un environnement fatal créé à la fois par les ambitions de l'Allemagne et par ses instincts barbares. L'empereur allemand détenait un immense pouvoir. Il était en réalité un monarque absolu et, par conséquent, le Reichstag, le Bundesrath ou les différents parlements des États ne se sont jamais ingérés dans ses affaires. Le

Cabinet de l'Empereur dirigeait l'armée, qui à son tour dirigeait la nation. Ainsi tout était centré sur la personne de l'Empereur, ce magnifique fruit de la discipline et de la force prussienne.

Mais dans ce fruit qui faisait tant d'impression lorsqu'on le voyait sur sa paroi, se cachait un ver. Guillaume II était un menteur ; il a menti aux autres et à lui-même sans savoir qu'il était un menteur. Il vivait continuellement dans un monde de fiction. Bref, c'était un acteur.

Mais c'était le pire des acteurs ; c'était l'amateur, l'homme du monde qui joue de la comédie — et du drame — et qui est tellement occupé de son petit talent qu'il devient plus acteur qu'acteur, et par conséquent joue toujours en tout et partout.

Cette passion pour le théâtre est à la fois l'excuse et la condamnation de Guillaume II. C'est son excuse parce qu'il entrait si bien dans la « peau » des différents personnages qu'il incarnait, qu'en chacun d'eux il était sincère. C'est sa condamnation, car un roi et un empereur doivent être une Réalité, une Volonté, une Sagesse ; mais il n'était rien de tout cela.

Personnellement, il était creux et sonore. Il ne savait pas grand-chose. Il ne donnait pas de près, comme François Joseph, l'impression d'être le concierge d'une ambassade, mais il donnait toujours cette impression qu'illustre le mieux un dicton que je me souviens avoir vu dans le *Figaro* : "Avez-vous vu *moi* dans le rôle de Charlemagne, ou comme évêque luthérien ? *episcopus*) — « ou comme amiral, ou comme chef d'orchestre ? Ses nombreux talents ont été racontés. Ils peuvent tous être réduits à un seul : l'art de se tromper soi-même afin de tromper les autres. Sous ce vernis d'auto-illusion, il existait une âme vide, sans étendard d' honneur , sans équilibre, à la merci de toute sorte de flatterie, d'impressions ou de circonstances. A peine avait-il entendu un discours qu'il donnait son avis et prenait une attitude conforme au rôle du personnage à représenter.

Il peut être décrit comme le meilleur fils du monde, car il n'était pas méchant ; il était pire : il était faible. C'est Chamfort , si ma mémoire est bonne, qui écrivait : « Les faibles sont l'avant-garde de l'armée des méchants ». Guillaume II était l'éclaireur de l'avant-garde ; son état-major était l'armée. Lui qui avait si peur du tonnerre a usurpé la place de Jupiter, le Tonnerre , mais ce soldat amateur était bien trop nerveux pour supporter ne serait-ce que le bruit de la bataille. Lorsque ses officiers, pour leur propre avancement, le persuadèrent qu'il possédait des talents militaires et navals, il rêva du rôle de « Welt Kaiser » et se prépara à la conquête de la terre.

Pris à leur propre piège, ses fidèles étaient enivrés par l'ivresse qu'ils avaient provoquée. Le Cabinet de l'Empereur était le théâtre d'une orgie continue de projets gigantesques. A Vienne, l'imagination des hommes s'enflammait. Le chemin de fer Berlin-Bagdad d'Europe centrale a relancé le projet antérieur au Proche-Orient. Et toute une camarilla intéressée par les avantages que pouvaient procurer ces belles entreprises les louait avec extravagance.

Si, en 1914, l'empereur François-Joseph avait eu une lueur de raison et de bon sens, il aurait pris conscience des formidables incertitudes des problèmes de Berlin et aurait maintenu la paix tout en refusant de mourir aux cris des victimes d'une guerre.

Livré à lui-même, Guillaume II a déchaîné les puissances les plus barbares sur les nations entraînées dans les horreurs de la guerre.

J'ai dit qu'il manquait de profondeur. Il était en réalité incohérent. Même s'il jouait mille rôles, il n'avait aucune personnalité.

Un homme n'est « quelqu'un » qu'en raison de sa personnalité. De nombreux imbéciles et hommes malhonnêtes atteignent leurs objectifs dans la vie grâce à l'intrigue, au hasard, au favoritisme et à la folie humaine. Mais ils n'en sont pas moins insensés et malhonnêtes, et c'est pourquoi le monde est si mauvais.

Guillaume II a pris des airs chevaleresques, mais il est resté grossier dans ses vues. Cela ressortait souvent de ses plaisanteries avec les officiers de la Garde. Il n'avait ni tact ni jugement. Son manque de tact était dû à sa mauvaise éducation prussienne ; à ses années d'étudiant à Bonn, consacrées aux beuveries ; et dans sa jeunesse, à son goût pour la fréquentation des casinos berlinois. Quant à son manque de jugement, c'était le résultat d'une vanité inhérente, que tout tendait à développer à son propre préjudice et à celui de l'Allemagne. L'homme vaniteux est l'être qui est trompé par tous, parce qu'il a commencé par se tromper lui-même. Et c'est généralement un idiot désespéré.

Guillaume II me dit un jour, croyant me faire un compliment : « Tu ferais un beau grenadier prussien. Le compliment m'a paru « poméranien ».

Si Guillaume II avait eu du tact et du jugement, il aurait su adopter une politique autre que la menace et la violence, et une diplomatie totalement opposée à la supercherie dont l'Allemagne fut tant affectée sous son règne.

Incapable de juger de l'époque dans laquelle il vivait, alourdi par la tradition prussienne, et plein de zèle comme chef titulaire de la maison de Prusse, issu d'une famille souabe émigrée dans le Brandebourg, il persuada les classes supérieures d'Allemagne qu'il avait consolide son prestige. Le Moyen Âge a eu sur lui et, à travers lui, sur toute l'Allemagne, un effet désastreux.

Outre les gares crénelées et les bureaux de poste fortifiés par des galeries machiolées , l'influence du Moyen Âge ramena l'Empereur-Roi et son peuple aux vieilles haines, aux vieilles luttes et aux vieilles idées, comme si le monde n'avait pas changé avec le passage des siècles . Il en résulta que la science, les inventions et les découvertes furent d'abord faites pour servir l'industrie de la guerre, la continuation des conquêtes, le coup de poing et toutes les folies auxquelles soldats, écrivains et journalistes militaires s'appliquaient à servir, trouvant là leur pain quotidien. .

Cependant, les nations rapprochées grâce à l'intercommunication et à l'échange d'idées ont commencé à trouver des solutions aux difficultés par des voies pacifiques, solutions qui jusqu'à présent n'avaient été que traînées sur le chemin de la guerre. J'entends par là la préservation et le développement de l'espèce humaine, sa meilleure répartition sur la terre et ses droits à plus de bonheur et de justice.

Guillaume II manquait de profondeur (je le répète) parce qu'il manquait de force morale. Non pas qu'il soit immoral. Sans être un saint, il remplit admirablement le rôle d'époux et de père. Il était en tout un amateur zélé. Il manquait pourtant de force morale car son attitude luthérienne, qui lui permettait de jouer le rôle d'un prédicateur protestant, n'était pas un rôle religieux . Ses sermons en tant que chef de l'Église ne lui ont pas appris à être humble, charitable et juste devant Dieu.

Contrairement à ce que l'on croit généralement, surtout si le problème religieux n'a pas été étudié, ni le luthéranisme ni le calvinisme ne sont une religion. Les belles âmes que l'on rencontre qui ont eu et qui ont ces croyances religieuses seraient belles quelle que soit leur croyance, ou même en l'absence de toute croyance. Ils possèdent une beauté innée qui touche le Divin. Mais une phase de croyance religieuse ne peut pas être une religion. Les schismes sont les accidents de la vie de l'Église. Une déchirure dans un costume n'est pas un costume, bien au contraire ! Le luthéranisme n'était pas à l'origine une forme de culte ; c'était une révolte, et cette espèce de révolte fera toujours plus de rebelles que de croyants. Une révolte contre Rome — *Los von Rome !* Cri impie ! Il ne s'agit pas seulement de « Délivrez-nous de Rome », il s'agit aussi de « Délivrez-nous de la religion chrétienne, de l'unité de l'Église catholique, autrement appelée Église universelle, qui est notre seule chance de paix sur Terre." C'est une négation de la latinité et de l'hellénisme ; c'est la régression de l'Europe centrale vers le Valhalla scandinave ; ce n'est pas un monde qui s'étend, c'est un monde qui confine. Il ne représente pas la libre harmonie des actions et des pensées des hommes ; c'est l'uniformité forcée du pas de parade et le silence à la parade dans les rangs de la garde prussienne.

Si Guillaume II, responsable de la violation de la neutralité de la Belgique, de l'incendie de Louvain, des massacres de Dinant et de tant d'autres atrocités, n'était pas, pour moi, mort, et si je le voyais encore une fois, je lui dirais :

" Misérable homme ! As-tu lu Goethe ? Imagines-tu ce que penserait de toi celui qui a écrit : " L'homme n'est grand que selon le Ciel qui est en lui " ?

Vous ne possédez pas le Ciel. Vous avez chassé Dieu avec le Luther de la haine et de la négation qui était ton Dieu ; tu n'es qu'une nullité.

CHAPITRE XI I
Les Holstein

J'ai connu Augusta du Schleswig-Holstein pour la première fois peu de temps après son mariage avec le prince Guillaume de Prusse. Je l'ai revue plus tard comme impératrice allemande à la cour de Berlin.

Il n'était pas facile de trouver grâce à ses yeux ; non pas qu'elle fût une femme méchante, mais son étroitesse d'esprit et ses prétentions à la perfection des vertus allemandes ne faisaient pas d'elle une juge amicale des femmes.

Pessimiste et martinet, elle était entièrement livrée à ses devoirs domestiques et à son culte du Dieu de Luther, qu'elle servait avec un zèle ennemi des autres dieux, et avec une telle piété qu'elle édifiait l'Allemagne. Mais elle n'avait aucune conception de l'immense pitié et de la splendeur infinie du vrai Dieu. Pays toujours sentimental, l'Allemagne admirait profondément cette épouse et cette mère, son mari et leurs enfants qui, vus de loin, constituaient réellement une magnifique famille.

Mais jugeons l'arbre à ses fruits. Il n'y avait dans ce ménage royal aucun drame intime, aucun conflit moral ; tout semblait se dérouler décemment et dans l'ordre. Mais aucun des enfants nés de l'union de Guillaume II et d'Auguste de Schleswig-Holstein n'a mérité la moindre considération de la part des hommes. Et par pitié pour eux, je n'en dirai pas plus.

Je connaissais l'ancienne cour de Berlin, celle de Guillaume Ier. J'ai souvent vu la vieille et infirme impératrice Auguste, qui paraissait toujours très étroitement corsetée, installée sur un canapé du salon impérial près d'un rideau tiré. puis le cercle de la cour se forma autour d'elle. Elle était toujours gentille avec moi et me parlait dans un excellent français. L'empereur Guillaume Ier se déplaçait simplement et affablement d'une personne à l'autre.

Le prince héritier Frédéric m'a donné l'impression d'être bon, instruit, noble et spirituel, et son épouse, la fille de la reine Victoria, était attirante en raison de son attitude franche et agréable et de sa remarquable intelligence.

Le comte de Bismarck et le maréchal de Moltke étaient les deux lions de cette cour sans cérémonie . Étant jeune, j'ai examiné les deux avec curiosité. Le comte Bismarck était bruyant ; il parlait haut et se livrait souvent à une certaine gaieté grossière. Le maréchal von Moltke ne dit rien ; il semblait gêné par tout cela. Mais ses yeux perçants compensaient son manque de mots, et pour ma part je n'avais aucune envie d'offenser ce sphinx .

Avec l'avènement de Guillaume II, la Cour patriarcale de Guillaume Ier et la Cour anglo-allemande mais éphémère de Frédéric le Noble cèdent la place à une Cour d'un autre genre. Le cérémonial des présentations officielles s'est multiplié et est devenu plus fréquent. Le nouvel empereur voulait s'entourer d'une pompe guerrière, mais la présence d'Auguste de Schleswig-Holstein réduisait toujours les cérémonies les plus solennelles de la dernière cour de Berlin à une grandeur banale. A cette époque, l'Impératrice avait beaucoup de peine à s'habiller et à se coiffer avec goût. Sa présence sur le trône a suffi à le transformer en canapé bourgeois. Plus tard, son goût pour les mousselines s'est amélioré.

Lorsque Guillaume II vint à Vienne, il fut reçu avec les honneurs dus à son rang. J'ai pris un soin particulier à ma toilette pour lui faire honneur .

Habitué que j'étais à ses lourdes saillies, je ne m'attendais pas à l'entendre me dire en français, qu'il parlait excellemment, même dans ses gallicismes les plus audacieux : « Avez-vous le style de votre coiffure et de vos robes à Paris ?

"Parfois à Paris, mais généralement à Vienne", répondis-je. "Je représente la mode et je conçois mes propres robes."

"Tu devrais choisir les chapeaux d'Augusta et l'aider avec ses robes. La pauvre chérie a toujours l'air minable."

C'est donc la raison pour laquelle l'impératrice allemande fréquentait les mêmes magasins que moi et achetait des robes que j'ai aidé à concevoir. La question des chapeaux était hérissée de difficultés, car elle a une de ces grosses têtes si difficiles à assortir. Mais j'ai réussi, semble-t-il, à réaliser le souhait de son mari en rendant ce petit service à sa femme. Il m'a remercié aimablement, bien qu'il fût de ceux qui ne nous pardonnent jamais les bienfaits reçus.

Les Holstein, dont descendait l'impératrice, avaient, comme on le sait, perdu leur duché, autrefois danois, et tombé aux mains des Prussiens. Comme épouse du prince qui serait un jour Guillaume II, le comte de Bismarck proposa Augusta de Schleswig-Holstein, qui possédait un tempérament égal et qui, selon lui, équilibrerait les envolées de fantaisie propres à un mari jeune et ardent.

Ce mariage eut le mérite d'unir les Holstein à la Maison de Berlin par d'autres moyens que par l'épée. Elle régularise, aux yeux de l'Europe, la méthode un peu brusque par laquelle la Prusse avait annexé le duché. La valeur politique de ce mariage valait bien la dot qui manquait certainement à Augusta.

La future impératrice, grande et belle, n'était ni jolie ni laide, mais jolie plutôt que laide. Sa piété était bien annoncée, mais il y a des piétés dont il vaut mieux se passer si elles naissent d'un faux fondement. Ce fut le cas du zèle religieux d'Auguste de Holstein qui, devenue impératrice, commença à considérer son mari comme le chef de l' Église protestante, un homme qui, manquant d'éclectisme, racontait des sottises sur l'Église romaine, la religion chrétienne et Latinité. Mais il aurait dû être retenu et obligé d'observer le résultat de ses divagations luthériennes, mêlées d'invocations à Wotan et au dieu Thor.

Un autre point non moins grave était que les Holstein, ruinés ou presque, étaient obligés de tenter de reconstituer leur fortune. Augusta fut obligée d'y penser, et avant tout d'établir son frère Gunther, qui menait la vie d'un officier allemand d'une famille noble sans en avoir les moyens. Guillaume II arrangeait les choses de temps en temps, mais il ne montrait pas beaucoup d'enthousiasme. En aucun cas l'argent ne joue un plus grand rôle que chez les personnes attachées à un tribunal. Sans argent, rien n'a de valeur, car cette classe de personnes ne se mesure qu'à l'aune de l'argent qu'elle dépense.

Ce n'était pas le cas de Gunther du Schleswig-Holstein. Il possédait de l'intelligence et de la culture. On a également dit qu'il était bien informé en matière d'affaires. Il a présidé des congrès en qualité d'homme de savoir, et si pendant la guerre il ne s'est pas particulièrement distingué comme soldat, il a néanmoins brillé comme financier. En tant que jeune officier, ces qualités pratiques n'étaient pas apparentes. Il lui fallait faire un bon mariage. Il a échoué dans de nombreuses tentatives de mariage. Assez présentable en tant que jeune homme, il ne s'est pas amélioré avec l'âge. Lorsque je l'ai vu lors de diverses fusillades en Thuringe, au début de sa carrière à la Cour, il n'était pas méchant. Lorsque Gunther du Schleswig-Holstein a demandé ma fille Dora en mariage et que nous avions donné notre accord, il m'a demandé de fixer la date. Je n'ai pas pu m'empêcher de dire :

"Quoi !... Envisagez-vous sérieusement de conduire ma fille à l'autel sans vous faire soigner votre affreux nez ?"

Il avait en effet un nez rouge, aux formes variées et incertaines. Tout le monde n'est pas comme le prince de Condé ou Cyrano. Un nez déformé est certainement gênant.

Sa sœur a insisté pour qu'il se marie avec ma fille. La même idée lui était venue à Berlin que celle qui, vingt ans plus tôt, avait amené le prince de Cobourg à Bruxelles. L'immense fortune du roi des Belges était désormais incontestée. On calculait ses revenus, et on parlait d'un milliard de francs à partager un jour entre trois héritières. Cela suscita d'ardentes idées spéculatives, car même à cette époque, un milliard de francs comptait pour quelque chose.

Le duc de Holstein, ayant amélioré l'apparence de son nez, parla encore de son mariage avec ma fille.

Dora était encore jeune. A cette époque, mon mari et moi étions arrivés au point tragique d'une rupture presque définitive. J'espérais que cela se déroulerait dans le calme. Ce n'est pas moi qui ai déclenché tous les scandales.

Il se trouve que nous avions décidé de rester loin de Vienne pendant un an. Nous sommes donc partis pour la Riviera. Gunther de Holstein nous accompagnait. De là nous sommes allés à Paris, où j'ai amené ma maison. Cela a été considéré comme un crime. Les gens semblaient oublier que mon mari faisait partie de ma maison.

Sa compagnie, si rare qu'elle fût, ne lui était qu'ennuyeuse, et sans doute la mienne ne lui était pas plus agréable. Lorsque des difficultés surgissaient entre nous, je trouvais une consolation constante dans la société de ma fille. Sa mère était tout pour elle ; mon enfant était tout pour moi. Au moins Dora était à moi. Son frère m'avait quitté depuis longtemps, alors je gardais mon emprise sur elle. Je l'ai protégée; J'ai fait d'elle autant que j'ai pu. Mais en arrivant maintenant au récit du mariage de ma fille avec un parent des Hohenzollern et à l'influence que la cour de Berlin était destinée à avoir sur l'avenir de Dora et sur le mien, je ne peux me priver du plaisir de peindre dans ces pages l'homme idéal de mon dévouement, qui, après avoir assuré ma sécurité morale, m'a aussi donné un nouveau souffle de vie.

Je ne le nierai pas. D'après les lois ordinaires du monde, sa présence alors sur la Côte d'Azur et ensuite à Paris heurtait toutes les traditions des conventions ordinaires respectables.

Certaines situations ne peuvent être jugées que d'une manière qui leur convient. S'il est vrai que grâce à mes instances, celles d'une femme désespérée qui se trouvait isolée et à la merci de celui qui était encore son mari, le comte de Geza Mattachich était sur la Côte-d'Azur en même temps que moi, et mêlé à mon entourage sur le pied d'homme d' honneur (comme c'est l'usage dans les maisons des princesses), alors je prie mes lecteurs d'admettre que mon le futur gendre n'avait aucune faute à trouver. Je pense que cette affirmation suffit.

Gunther de Holstein montra au comte à la fois du respect et de l'amitié, et pour le prouver encore, il lui demanda de lui servir de second dans une affaire d' honneur qu'il était en mesure d'arranger. Mais ce qui était encore plus malheureux, Dora, qui avait apparemment une sorte d'instinct quant aux temps difficiles qui l'attendaient à Berlin, rendit sa bague à son fiancé et le libéra de ses fiançailles.

Gunther de Holstein pria le comte Mattachich d'intercéder auprès de moi pour empêcher la rupture, et j'y consentis.

Pour cette bonté, j'étais destiné à être bassement récompensé.

Je ne souhaitais pas être séparé de ma fille avant son mariage, et surtout la laisser à Vienne, au palais de Cobourg. En partant pour la Côte d'Azur, j'avais dit, les larmes aux yeux, aux domestiques assemblés que je n'y retournerais plus jamais, et le prince m'avait écouté sans dire un mot pour contredire mon affirmation. J'avais peur de l'influence de Vienne, où mon malheureux fils finit par périr, et où, par suite de sa mauvaise conduite, il devait finir ses jours d'une manière horrible. Châtiment effrayant pour ses fautes, et pour le parricide moral qu'il commet en reniant sa mère. Non! Dora doit à tout prix rester avec moi.

Cependant, le duc de Holstein insista pour que Dora soit présentée à sa famille et aux Hohenzollern. Il m'a donné sa parole d' honneur de la ramener si je lui permettais de passer quelques jours à Berlin accompagnée de sa gouvernante. J'ai fait jurer cela à ce soldat de Berlin, mais « vaincu est celui qui pousse la roue du char du conquérant », et je l'ai laissée partir.

Elle n'est pas revenue. Elle était tenue loin de moi. C'était l'aveu ouvert du complot dont les mélancoliques vicissitudes allaient se précipiter.

Je n'ai appris par les journaux le mariage de ma fille avec Gunther du Schleswig-Holstein que lorsque j'étais incarcéré à l' asile de Doebling à Vienne. Je venais d'y être emmené.

Ce complot, l'ai-je mentionné ? était un des complots les plus ignobles : c'était un complot qui concernait l'argent.

Je n'étais pas fou, mais mes ennemis pensaient que je deviendrais très certainement fou au milieu des fous. La folie est contagieuse. Ma destruction était déterminée. Car, aussi fou, ou passant pour tel, je serais incapable de gérer mes propres affaires. Je ne posséderais aucun droit civil, et mes représentants pourraient faire ce qu'ils voudraient de mes biens. Le roi était vieux, et sans doute ne tarderait-il pas à « passer outre ». Il était alors certain que chacun de ses enfants hériterait d'environ trois milliards. Allais-je pouvoir hériter d'une telle fortune, que j'étais sûr de remettre entre des mains ennemies, et qui serait ensuite dilapidée ?

Il n'est pas étonnant que mon fils, le mari de ma fille, peut-être même ma fille elle-même, qui était alors prisonnière là où régnaient Guillaume II et sa femme, aient accepté les vœux du prince de Cobourg, désireux de se venger de les sentiments amers qu'il avait inspirés dans mon cœur.

DUC GUNTHER DE SCHLESWIG-HOLSTEIN

D'ailleurs, sa vengeance ne retomberait pas uniquement sur moi. Cela rattraperait et écraserait le comte, qu'il haïssait à cause de son influence présumée sur moi. Et cette influence, comment pourraient-ils la comprendre ? Les gens ne voient que ce qu'ils veulent voir. Il est au-delà de leur misérable compréhension de comprendre des êtres supérieurs dotés d'âmes et d'aspirations élevées, et ils qualifient d'infamie ce qui est en réalité un sacrifice.

Je passerai rapidement sur la honte et la douleur, et je n'en raconterai que ce qui est nécessaire pour faire connaître au monde le caractère haut et pur du comte, qui, un Bayard sans crainte et sans reproche, affronta intrépidement un militaire. tribunal.

Je me bornerai à constater que dans le drame sans précédent de persécutions incessantes que j'ai dû endurer depuis l'année 1897 jusqu'à la victoire de l'Entente, les Maisons impériales de Berlin et de Vienne ont été le soutien et le soutien des différentes attaques, pressions, des outrages, des diffamations et des calomnies qui m'auraient assurément accablé si l'opinion publique ne s'en était instinctivement révoltée.

Et le public ne savait rien du bien et du mal de cette affaire.

Fort de la sympathie du public, j'ai pu résister à l'oppression. La justice est lente mais sûre.

Les principaux psychiatres autrichiens ont refusé de me certifier fou et un asile a été trouvé en Allemagne où j'étais destiné à purger une peine à perpétuité. Je dis alors à Guillaume II :

"En tant que complice de ce crime, vous serez éventuellement puni."

Je réfléchis alors que l'homme qui avait participé au crime de jeter un être sain d'esprit dans l'abîme de la folie était capable d'autres abominations. Je ne croyais pas que Dieu permettrait qu'il reste impuni.

Il a été puni.

Le même coup a frappé la compagne de sa vie, l'épouse si intolérante aux fautes d'autrui, si intransigeante du haut de sa vertu antichrétienne. Ennemie de son voisin , son influence aurait suffi à provoquer la guerre, puisque la pire des tendances guerrières est l'esprit d'intolérance.

On ne sait pas assez, mais c'est un fait, que l'horrible conflit de 1914-1918 était simplement le résultat de la haine impitoyable et inhumaine de la Prusse luthérienne, dévorée par le désir de dominer, de gouverner et d'opprimer.

L'incrédulité a provoqué la guerre. Seule la croyance apportera une paix durable.

La Belgique et la France doivent comprendre que, même si la Prusse a détenu et enrichi l'Allemagne, l'Allemagne n'a jamais aimé la Prusse.

L'Allemagne ne peut être conquise que par la confiance et l'affection.

La partie catholique, qui n'est pas moins généreuse que les socialistes, qui, quoique pour la plupart sincères, sont indifférents à la volonté divine, devrait montrer un exemple de réconciliation. Les évêques auraient alors un grand rôle à jouer. Les conférences religieuses et les pèlerinages pourraient offrir des occasions de meilleures rencontres, et avant de mourir, je voudrais voir Allemands, Belges et Français unis en présence du Dieu d'Amour, dans la même foi et dans la même espérance, et à travers l'Amour de Sa Loi, ils échangeaient alors le baiser de paix.

CHAPITRE XII I
Les cours de Munich et de la vieille Allemagne

Chaque fois que j'ai séjourné à la cour de Vienne, j'ai regretté de ne pas connaître personnellement Louis II. Quand je l'ai vu pour la première fois, il s'était déjà réfugié dans ses rêves et ses châteaux oniriques.

Comme Rodolphe, il avait été saisi d'une grande méfiance, non pas à l'égard de l'humanité, mais à l'égard de ceux qui dirigeaient les affaires humaines. Comme Rudolph, il n'a pas trouvé de moyen de s'échapper par le suicide. Louis II s'est créé un paradis d'art et de beauté, où il s'est efforcé de se perdre, loin de son peuple qu'il aimait et dont il était aimé en retour.

Je l'ai aperçu un jour dans le parc de Munich, assis seul dans sa voiture d'État, escorté par des cavaliers plutôt théâtraux. Derrière les vitres biseautées encadrées d'or, il était assis imposant et immobile .

C'était une apparition étonnante, que la foule saluait sans qu'il paraisse y prêter attention.

Après ses extravagances, la Cour, contrainte d'économiser, adopta facilement une existence plus ou moins bourgeoise.

Je me suis réjoui de voir les coutumes patriarcales du régent, le prince Luitpold . Je n'avais alors pas beaucoup d'expérience politique et je ne voyais que la surface des choses. L'insubordination impatiente de la Bavière à l'égard de la Prusse, dont une Europe plus intelligente et moins divisée aurait pu tirer tant d'avantages, m'a échappé. Je n'ai vu dans le Régent qu'un personnage tiré d'une histoire de Topfer .

Il consacrait la plus grande partie de son temps, même dans sa vieillesse, aux exercices physiques. Le tir et la natation étaient ses passe-temps favoris . Il se baignait tous les jours toute l'année dans l'un des grands étangs de son domaine de Nymphenburg . Et quand il ne tirait pas, il marchait. Son apparence extérieure ne donnait aucune indication sur son rang. Je l'ai rencontré un jour d'automne à Vienne dans une des petites rues du Prater derrière le Lusthaus ; il était en manches de chemise ; son habit et son haut-de-forme pendaient à la pointe de la canne qu'il portait sur son épaule. Il semblait plus heureux qu'un roi.

Son inséparable compagnon, un caniche non moins hirsute et poilu que son maître, l'accompagnait. Ils se ressemblaient exactement. De loin, une personne myope aurait facilement pu prendre le chien pour le Régent et le Régent pour le chien.

Louis III, son fils et successeur, hérite des goûts simples de son père, qu'il croit pouvoir simplifier encore davantage. Mais l'excès en quoi que ce soit est une erreur. Son abus de simplicité était pratiquement son seul moyen de marquer l'histoire contemporaine. L'histoire ne conservera pas le souvenir de ce médiocre roi de Bavière, mais elle se souviendra de ses vêtements démodés, de ses pantalons accordéon, de ses bottes carrées à talons en caoutchouc et de ses chaussettes froissées, par lesquelles il souhaitait démontrer ses goûts démocratiques. Il aurait mieux fait de se rappeler que le devoir d'un roi est d'élever l'homme de la rue au niveau du trône, et de ne pas laisser le roi descendre au niveau de l'homme de la rue.

Il n'était pas populaire à cause de son mauvais goût. En vain il exhibait son amour de la bière, des plaisanteries grossières, des saucisses et des quilles. Les Bavarois se souvenaient de Louis II comme d'un bon roi et en même temps d'un roi grandiose et spectaculaire.

Les gens sont flattés lorsqu'un roi qui est roi se déplie à eux, mais s'il ressemble à un charretier, ils n'éprouvent aucune fierté à le voir conduire le char de l'État comme s'il s'agissait d'une charrette.

La Cour de Bavière, qui avait légèrement retrouvé sa position antérieure avant 1914, tomba entre Scylla et Charybde lorsque le prince héritier de Bavière et l'homme de Berlin jouèrent avec les foudres de la guerre. Les Wittelsbach disparurent comme une fumée lors de la défaite des ambitions prussiennes.

Ils auraient pu être encore à Munich s'ils avaient soutenu les légitimes ambitions bavaroises et les avaient jugées du point de vue exclusif des besoins politiques et religieux de leur pays.

Il faut cependant se rappeler que les trônes allemands étaient menacés. Ni la discipline rigide de Berlin, ni le régime du libre arbitre de Munich, ni les systèmes mixtes qui existaient entre ces deux extrêmes n'auraient pu entretenir l'anachronisme des formes usées que le peuple rejetait instinctivement en prêtant plus d'attention chaque année. année après année, au socialisme et au républicanisme.

Les rois allemands ont disparu. Il n'est pas impossible qu'ils reviennent ; sinon les mêmes, d'autres, peut-être mieux qualifiés pour gouverner. Les nations sont limitées dans leur choix quant aux méthodes de gouvernement. La monarchie est la forme qui leur plaît, ou plutôt qu'ils tolèrent, plus souvent qu'aucune autre. La monarchie naît du principe familial, qui est un principe éternel. Le vrai roi est un père. La monarchie peut renaître en Allemagne et ailleurs, mais ses pouvoirs seront modifiés et restreints avec le temps. Tel qu'il existait en Allemagne, il a été condamné à l'extinction en raison de son archaïsme.

L'Église seule a le privilège de ne pas devenir obsolète, par le retour constant de l'humanité à une doctrine immuable. Les monarchies deviennent obsolètes à cause des hommes du même sang, du même nom et de la même race qui aspirent à exister sans être influencés par les changements constants des conditions de vie. Quand ils tombent épuisés, vient le temps de la République. Mais parce que le principe familial est le fondement de l'existence sociale, et parce qu'une République favorise l'individu plutôt que la famille, la République à son tour disparaît et la Monarchie réapparaît. Ainsi va le monde.

L'Allemagne serait la première à l'admettre si elle possédait le moindre sens philosophique. C'est une légende populaire que l'Allemagne possède l'esprit philosophique, et rien n'est plus invincible qu'une légende. Mais en réalité, il n'existe aucune nation sur terre à la fois plus métaphysique et moins philosophique que la nation allemande. Seule la métaphysique aide son peuple à rêver et à accepter ces rêves pour des réalités. En aucun cas cela ne les conduit à un état de sage clairvoyance.

La nation allemande est tombée dans le gouffre creusé pour elle par la Prusse impériale. Chaque cour, importante ou autre, était convaincue que Berlin et les Hohenzollern seraient les maîtres du moment.

Certaines monarchies tapageuses, subissant la pression d'un socialisme plutôt en redingote, ont tenté de s'accommoder de la social-démocratie à mesure que la social-démocratie s'adapte à elles.

Néanmoins, on en voyait certains maintenir tranquillement leur cérémonial traditionnel.

Une telle monarchie était la petite cour de Thurn et Taxis à Ratisbonne, la cour la plus pittoresque et la plus amusante que j'aie connue.

J'ai souvent joué aux quilles à Ratisbonne ; mais quel spectacle nous avons présenté ! Nous jouions aux quilles avec nos diadèmes et nos robes longues. Il y avait une étiquette dans la manipulation et le lancer d'une grosse balle. Plus d'une tiare est devenue incertaine, et plus d'une joueuse a gémi dans ses bijoux, ses soieries et ses broderies, sans parler de ses corsets. Heureusement, les vêtements étaient alors capables de plus de résistance. Si cela s'était produit de nos jours, où les femmes s'habillent de transparences aussi rares que possible, qu'est-ce qu'on n'aurait pas vu ?

Il ne faut pas croire qu'il s'agissait d'une partie de quilles fortuite à laquelle je jouais en pleine toilette de cour. C'était la mode. Vous avez tout fait à Ratisbonne en procession, précédé d'un maître de cérémonie. Et parce que et pour autant, comme le dit quelque part Victor Hugo, c'était très drôle.

La vie à Ratisbonne était agréable. Le prince et la princesse se sont magnifiquement divertis. Le palais se prêtait admirablement à recevoir, car c'était une superbe demeure, meublée royalement et entourée de jardins entretenus avec amour. La cuisine égalait celle de la cuisine chère au cœur de Ferdinand de Bulgarie. Ce qu'il y avait de charmant, c'est que le cérémonial suranné était si bien ordonné que certaines exagérations étaient vite oubliées dans la beauté du rythme et de l'arrangement, qui rappelaient la dignité des temps passés.

Nous allions aux courses dans de splendides calèches d'État, précédés par des cavaliers également bien équipés. Le comte de Stanfferberg , maître des chevaux, vieil officier autrichien, montait à côté de la voiture du prince, et les messieurs d'honneur étaient si attentifs que, s'il n'y avait pas eu de marche vers la voiture, chacun d'eux aurait ont approvisionné les lieux avec leurs personnes.

Si nous allions au théâtre, nous allions en grande tenue, précédés de porteurs de flambeau, à la loge princière.

Une étiquette de cette description obligeait à maintenir la dignité de son rang. Mais le prince et sa femme aimaient ce cérémonial ; ils ne vivaient que pour prolonger le faste des siècles passés.

On disait que la princesse Marguerite de Thurn et Taxis ressemblait un peu à Marie-Antoinette. Le prince, qui croyait à cette ressemblance, voulut offrir à sa femme une parure de diamants ayant appartenu à la malheureuse reine de France. Il les a achetés et la princesse les a portés. Je craignais qu'il n'y ait là quelque fatalité, mais il n'y avait pas de superstitions à la cour de Tour et Taxis. L'avenir était vu à travers des lunettes roses , et pour que l'apparence de la princesse soit habillée des diamants historiques, le célèbre Lentheric fut un jour appelé de Paris à l'occasion d'un bal de cour, pour arranger les cheveux de la princesse "à la frégate". ", et la transformer en une quasi Marie-Antoinette, qu'on eût bien regretté de voir partir vers l'échafaud.

Lorsque le vent de la révolution souffla sur l'Allemagne, les princes détrônés furent épargnés par ce châtiment. Ils sont partis vers l'étranger et non vers l'échafaud. L'Allemagne, livrée à elle-même et non plus enivrée par Berlin, n'a pas massacré un seul de ses souverains d'hier. Et ce seul fait devrait, à juste titre, donner matière à réflexion à tous ceux qui parlent de l'Allemagne sans vraiment la connaître.

* * * * *

Dans le petit duché de Saxe-Cobourg-Gotha, la vie était bien différente de celle de la cour de Thurn et Taxis. Ici, la nature et l'art se donnent la main. Il n'y avait pas de processions spectaculaires, pas d'étiquette étudiée ; seulement une simplicité charmante et distinguée qui illustrait le goût de ce prince allemand de haute et humaine culture, mon oncle, le duc régnant Ernest II, dont j'ai déjà parlé des bontés à mon égard.

Il ne se lassait jamais de me gâter et il voulait que je sente que chaque fois que j'étais au palais, j'étais une reine. Son affection n'a jamais changé. Dans sa société et celle de ma tante la duchesse, qui était aussi très affectueuse et bonne pour moi, j'ai souvent oublié la misère de mon mariage.

Ses chasses au cerf dans le beau pays de Thuringe, à travers les forêts de sapins et de hêtres, étaient pour moi un plaisir enivrant.

J'ai suivi l'exemple du duc ; c'était un bon tireur et un bon cavalier ; ses années ne le dérangeaient pas. Souvent, dans les montagnes, je montais un mulet blanc, et le duc remarquait la touche de couleur que ma monture et moi faisions dans cette campagne rustique.

Le soir, quand il faisait beau, nous dînions sous les grands arbres éclairés par des lanternes bien disposées. Je portais habituellement une robe légère pour plaire au duc, qui aimait aussi que je me pare d'une guirlande de fleurs qu'il confectionnait lui-même chaque jour, en hommage délicat de la part du plus courtois des oncles.

Quand je séjournais chez la duchesse Marie à Rosenau , j'ai aussi passé de nombreux happy hours. Ses filles étaient de charmantes filles. Quelle radieuse apparition que la princesse Marie, aujourd'hui reine de Roumanie ! Une fois vue, elle n'a jamais été oubliée !

Cobourg, berceau d'une famille qui a donné à l'Europe tant de rois et de reines, de princes et de princesses, royaux et impériaux, a été le témoin de nombreux rassemblements de la génération actuelle. Un mariage, des fiançailles ou des vacances ramenaient invariablement les membres de la famille Coburg dans leur pays natal. Jeunes et vieux étaient heureux de revenir et d'oublier certaines des tâches qu'exigeait leur position ; d'autres étaient heureux d'oublier le fardeau de leurs études. Chacun a essayé d'être lui-même et de se comporter comme un être humain ordinaire.

Les délices d'une existence normale sont très attirants pour ceux qui en sont privés par leur position et leurs devoirs. Le grand public a une fausse idée de la royauté. Il les croit différents de ce qu'ils sont, alors qu'en fait, ils souhaitent réellement être pareils aux autres.

Sans doute on rencontre des princes, comme Guillaume II, qui pensent qu'ils sont composés d'une argile différente de celle du reste de l'humanité. Ils ont perdu la tête en se posant devant le miroir et en respirant l'encens de la flatterie. Ce ne sont que des accidents. Tout homme qui souffrirait de la même manière serait tout aussi mauvais, quelle que soit la classe à laquelle il appartenait. Il est vrai que la maladie n'aurait alors pas les mêmes conséquences sociales. Là encore, le monarchisme est devenu de plus en plus maîtrisé et se limite pratiquement à une fonction symbolique, puisqu'il dépendait plus d'un homme que d'un autre. Cela aurait pu être à la fois efficace et influent si le prince avait possédé de la personnalité ; mais s'il possédait des qualités médiocres sans influence sérieuse d'aucune sorte, il n'était qu'une nullité. Après lui viendrait peut-être un meilleur dirigeant. Mais tout est loterie, et le suffrage universel et les élections parlementaires ne sont pas moins aveugles que le destin.

A Cobourg, je fus mis en étroite association avec l'impératrice Frédéric, qui mourut avec ses ambitions insatisfaites, grande dans son isolement. Elle voyait d'un œil qui ne connaissait aucune illusion la couronne royale et impériale de Prusse et d'Allemagne passer rapidement de son mari à son fils. L'égoïsme et la vanité du « Personnage » éveillaient en elle plus de peur que d'espoir. Et avec quelle expression de pitié ses yeux se posaient-ils sur la médiocrité de sa belle-fille !

Les Romanoff et leurs proches restèrent également fidèles à Cobourg. Les grands-ducs frères de la duchesse Marie, ses belles-sœurs les grandes-duchesses Vladimir et Serge, toutes deux belles dans un style différent, apportaient avec eux des échos de la cour majestueuse et complexe de Russie, cette cour asiatique que je toujours ressenti comme étant mille kilomètres et mille ans au-delà de la compréhension du siècle actuel.

Parmi d'autres cérémonies mémorables auxquelles j'ai assisté au berceau de la famille, j'ai retenu le souvenir du mariage du grand-duc de Hesse avec la princesse Mélita , qui devint plus tard la grande-duchesse Cyrille. Le bonheur semblait présider à la fête. L'amour avait été invité, invité rare dans les unions princières.

Je ne dirai pas grand-chose des fiançailles du pauvre « Nick » avec Alice de Hesse, qui furent également célébrées à Hesse.

Celui qui allait devenir le tsar Nicolas II apparaissait comme un homme triste, timide, nerveux et insignifiant, du moins d'un point de vue mondain. Sa fiancée était distante, absorbée et égocentrique . Déjà son entourage s'inquiétait de ses tendances visionnaires et plutôt excentriques.

Elle avait remplacé la princesse Béatrice (qui avait épousé Henri de Battenberg) en tant que lectrice et compagne préférée de la reine Victoria. La reine désira le trône de Russie pour sa petite-fille, et elle réalisa le mariage dont j'assistai aux cérémonies des fiançailles. La vieille reine présidait. Mais tout manquait de gaieté. Si la joie semblait régner un instant, elle semblait néanmoins forcée. On se sentait déprimé par le poids d'une calamité inconnue. Peut-être que le Destin souhaitait avertir Alice de Hesse et Nicolas de Russie de leur sort imminent.

CHAPITRE XIV
Reine Victoria

Est-il possible pour moi de prononcer le nom de la reine Victoria sans rappeler que le prince de Cobourg et moi-même étions souvent les invités de notre tante et de notre cousine ? L'une des femmes les plus hospitalières, elle se délectait des joies de la vie domestique et n'aimait rien de mieux que de rassembler autour d'elle ses proches, de préférence les Cobourg , famille dont faisait partie le prince consort.

Bien que la reine fût extrêmement petite, atteinte d'une corpulence presque difforme et d'un visage excessivement rouge, elle possédait néanmoins un air d'une grande distinction lorsqu'elle entra dans la chambre, soutenue par l'un des magnifiques serviteurs indiens qui étaient ses serviteurs personnels. . Elle portait généralement un mouchoir blanc disposé de manière à laisser apparaître la bordure en dentelle, et elle préférait une robe en soie noire avec une petite traîne, le corsage coupé en forme de V. Elle portait autour du cou un médaillon contenant une miniature du prince Albert, son époux inoubliable, et sur la tête un bonnet de veuve en crêpe blanc ; elle portait très rarement des gants. Lors des grandes occasions, le Koh-i-noor , ce merveilleux diamant, trésor des trésors de l'Inde, scintillait de mille feux dans les plis du bonnet de crêpe.

La reine n'a pas laissé beaucoup d'impression de sa personnalité, même si elle était plus impressionnante par ses mouvements, son ton et son look. Son nez avait une curieuse façon de trembler, qui était presque un indice de ses pensées. Et comment qualifier ce regard étonnamment froid qu'elle avait l'habitude de jeter sur le cercle familial ? La moindre erreur vestimentaire, le moindre manquement à l'étiquette était immédiatement remarqué. Une allusion ou une réprimande suivit d'une voix qui ne supportait aucune réponse. Puis son nez se plissa, ses lèvres se comprirent, son visage devint plus écarlate et toute la personne royale parut balayée par la tempête de colère.

Mais une fois l'orage passé, la reine sourit de son charmant sourire, comme si elle voulait effacer le souvenir de sa mauvaise humeur antérieure .

En arrivant ou en partant, elle saluait toujours ceux qui l'entouraient avec un curieux petit mouvement protecteur.

Une fois, j'ai eu le malheur de lui déplaire.

La Reine détestait les franges bouclées qui cachaient le front et qui étaient alors à la mode. Beaucoup se souviennent de cette façon plutôt inconvenante. J'avoue l'avoir adopté. La mode est la mode. Ce style de coiffure a beaucoup irrité la Reine, qui m'a dit un jour : « Il faut vous coiffer autrement et d'une manière plus convenable à une princesse.

Elle avait raison. Malheureusement le prince de Cobourg, qui n'aimait pas non plus cette coiffure frisée, était présent lorsque notre tante fit cette remarque. Si elle lui avait donné le Koh-i-noor, il n'aurait pas pu être plus heureux. J'ai donc eu droit à une sévère réprimande de la part de mon mari, qui m'a décidé à ne pas prêter attention à la censure de la Reine. Mes cheveux restaient toujours bouclés sur mon front.

À Windsor, comme sur l'île de Wight, la reine partait en voiture tous les soirs vers 18 heures, quel que soit le temps. Nous étions généralement honorés de l'accompagner. Parfois, nous étions obligés d'attendre assez longtemps pour que la Reine apparaisse. Enfin, précédant la reine, un plaid au bras, une flasque de whisky en bandoulière, vint John Brown, le fidèle Écossais dont les actes occupaient une place si importante dans la *Court Circular* et qui, comme beaucoup d'autres de son espèce , représente un feuilleton inédit dans l'histoire des Cours.

Il ouvrait la marche, s'installait dans le frein tiré par deux chevaux gris, et le trajet, qui durait environ deux heures, commençait.

Le soir tombait. John Brown bougeait sur son siège. Il tournait fréquemment la tête, dans l'espoir de recevoir l'ordre de retour de la reine. Cette inquiétude était-elle due à sa crainte de rhumatismes ou de quelque frisson qui, malgré les propriétés réconfortantes du whisky, aurait affecté sa santé et l'aurait empêché de remplir ses devoirs envers la reine ? Je ne peux vraiment pas le dire. Tout ce que je sais, c'est que John Brown détestait les promenades au crépuscule par une soirée humide. Elles affectaient toujours son caractère, et il ne cherchait pas à cacher ses sentiments ; mais, d'ailleurs, il n'essayait jamais de faire quoi que ce soit qui fût contraire à son inclination.

Même les enfants de la reine ont connu l'autocratie de John Brown.

Il arriva que le prince de Galles, devenu plus tard le grand roi Édouard VII, voulut un jour voir sa mère pour des affaires urgentes et inattendues. Mais John Brown ouvrit la porte de la chambre de la Reine et dit d'un ton décisif : « Vous ne pouvez pas voir la Reine, Monsieur. »

Si dans l'intimité de son quotidien la reine Victoria s'accordait quelques instants de détente, elle n'en était pas moins une grande Souveraine et une figure imposante. Son Jubilé, célébré avec une splendeur dont mes contemporains se souviendront facilement, montra sa véritable place dans le monde. La procession à travers Londres au milieu d'une population en délire et en liesse, la cavalcade des rois, princes, rajahs et autres représentants des Dominions, resplendissants dans leurs magnifiques uniformes et flamboyants de pierres précieuses, étaient un spectacle digne des « Mille et une nuits ». ".

Nous ne reverrons plus jamais une chose pareille. Les hommes n'honoreront jamais le pouvoir temporel comme ils l'ont fait lorsqu'ils ont ainsi exalté une femme qui représentait si noblement le passé, le présent et l'avenir du Royaume-Uni, de l'empire de l'Inde et des colonies.

Ne dites pas « vanité des vanités ». Le faste et les circonstances ont leurs raisons d'exister. Une société qui ne possède pas une théocratie, une aristocratie et un faste proportionnés à ses institutions est une société moribonde. Il faudra toujours revenir aux équivalents de la Souveraineté, de la Cour et de la Divinité, sans lesquels l' édifice social désavoué ne serait qu'une grange ou une ruine.

Ce fut à l'occasion d'une des grandes fêtes du Jubilé que, par suite de ma fâcheuse et incorrigible habitude d'être ponctuel, j'arrivai en retard pour prendre place dans le cortège royal. J'avoue que j'étais souvent volontairement en retard, car je savais que cela exaspérait le prince de Cobourg plus que tout, et il commençait toujours la journée en disant qu'il savait d'avance que je ne serais pas ponctuel.

Les femmes qui liront ce livre comprendront combien il est difficile d'être ponctuelle pour des fiançailles lorsqu'on porte une robe spéciale pour la première fois. Les hommes ne comprendront jamais ces difficultés féminines !

J'avoue franchement que, cette fois, j'aurais dû arranger les choses différemment ; Je ne voulais pas être en faute. Le cérémonial d'État exigeait que personne ne soit absent à la formation du cortège. Et comme, à cause de mon mariage, mon rang et ma position me reléguaient vers la fin, bien des rois et des reines avaient été obligés d'attendre mon apparition.

Lorsque j'entrai, j'étais naturellement dans un état de confusion extrême. Mais à cette époque j'étais à l'apogée de ma beauté. Je savais que j'étais belle et admirée. J'ai vu la plupart des yeux tournés sans sympathie dans ma direction. Les femmes avaient l'air fâchées, mais heureusement les hommes, qui semblaient d'abord sévères, ne tardèrent pas à s'adoucir à mon égard. J'ai été éblouie par la lumière de ces soleils terrestres !

Mais hésiter, c'était être perdu ! Il m'appartenait de tirer immédiatement un avantage de la situation. Le silence et l'impassibilité accueillirent l'apparition du coupable qui avait osé freiner la progression de la reine d'Angleterre et de son illustre suite. J'ai réalisé que mon entrée devait être de celles qui ne réussissent qu'une fois dans une vie.

J'ai pris mon temps et j'ai mis toute la grâce imaginable dans ma révérence à la reine et mon salut à la cour assemblée.

Je m'approchai pour baiser la main de ma mère, qui, ravie d'entendre le murmure flatteur qui suivit ma manière de demander pardon, m'attira vers elle en me disant : « Tu es faite pour être reine.

Même maintenant, une larme monte de mon cœur à mes yeux. Quelle étrange nature nous possédons ! Mais quand on est métaphoriquement né sur les marches d'un trône, on ressent le besoin de réussite, d'hommages et d'ovations. Non seulement on conserve leur souvenir, mais on retient aussi le souhait et le regret quand ils n'existent plus.

CHAPITRE X V
Le drame de ma captivité et de ma vie de prisonnier : le début de la torture

Mes malheurs, hélas ! sont connus du public du monde entier. Mais ce n'est pas sur moi qu'ils pèsent le plus lourd.

Si la calomnie et la persécution, aidées par les influences les plus puissantes, ont continuellement ajouté coup sur coup, une vérité au moins est évidente : *je n'étais pas* , *je ne suis pas* fou , et ceux qui ont essayé d'affirmer que j'étais fou l'ont fait. donc à leur honte et, je l'espère aussi, à leur chagrin.

« Néanmoins, disait-on, la princesse est particulière. D'autres, mieux informés, déclaraient avec insistance : « Elle est faible d'esprit ».

Pas ça, Dieu merci !

Mes « dépenses », ma « prodigalité », mes « dettes », et « mon abandon de mes intérêts et de ma volonté au profit de mon entourage » ont tous été critiqués.

Discutons brièvement de ces « particularités » et de ces « faiblesses ».

Il est tout à fait vrai que j'ai parfois été extravagant. J'ai dit, et je le répète encore, que cette extravagance était une manière de me venger des contraintes et des mesquineries d'une avarice oppressante.

Il est vrai, comme je l'ai aussi avoué, que, comme dans l'ordre naturel des événements je pensais hériter d'une fortune considérable, j'ai été faible dans certaines choses et je n'ai pas résisté à certaines tentations.

Les gens parlent des sommes fantastiques que j'ai dépensées. Je calcule que je n'ai pas déboursé dix millions de francs depuis 1897, année où j'ai fait campagne pour la liberté. Des chiffres plus élevés ont été donnés, mais ils sont représentés par les exagérations des spéculateurs et des usuriers envoyés par mes ennemis pour les aider et témoigner de « folies » après m'avoir refilé leurs valeurs sans valeur.

Tout le monde connaît l'histoire édifiante du créancier allemand qui comparut devant le tribunal de Bruxelles, chargé de payer mes dettes avec les fonds provenant de l'héritage du roi, et qui déposa une réclamation de sept millions de marks, qui fut réduite à néant. après enquête et vérification de ce qu'il avait réellement avancé et reçu.

Si je m'absentais d'écrire le récit des diverses manœuvres contre mon indépendance, toutes dans le seul but de me mettre dans une situation telle que je ne pourrais ni vivre ni agir, mes lecteurs diraient : « C'est impossible, elle romance ".

Mais les romans les plus improbables ne sont pas ceux qui sont publiés. La vie seule les révèle.

Refléter; J'ai dû choisir entre l'esclavage, l'emprisonnement dans une maison de fous ou la fuite et, par conséquent, une défense active de mes droits personnels.

J'ai fui et je me suis défendu. Mais, pour me capturer et me briser, mon argent fut réduit à une somme dérisoire, et, plus tard, même les moyens de me procurer mon pain quotidien furent supprimés.

J'avais perdu la meilleure des mères ; le roi, trompé et irrité, mais plus politique que moi dans tout ce qui me concernait, plaça les apparences au-dessus des obligations de sa conscience, et ne s'intéressa plus au sort cruel de sa fille aînée.

Depuis mon incarcération, mes sœurs et le reste de ma famille se sont rangés du côté du roi. Je me suis vu oublié par mes proches qui, pendant des années, ne m'ont jamais approché à l'asile.

Soit j'étais en colère, soit je n'étais pas en colère. M'abandonner montrait ainsi que je ne l'étais pas.

La presse finit par s'indigner de cette négligence. Puis mes proches sont venus, mais oh, très rarement ! C'était si douloureux, si embarrassant pour eux, mais ce n'était pas embarrassant pour moi.

Quand je me suis échappé, leur prétendue pitié a cédé la place à une colère ouverte.

Il me fallait pourtant vivre et rentabiliser autant que je pouvais les services qui m'avaient été rendus. Enfin, je fus obligé d'intenter une action en justice : un nouveau crime !

Mon crime n'a pas consisté dans ma rébellion contre un mari et un mariage de convenance devenu impossible... Ai-je été la première femme à être contrainte au mariage ?... Mon crime a consisté à montrer cet esprit déplorable que le monde pardonne rarement : l'esprit combatif, l'esprit de résistance.

Le monde n'aime pas une femme qui se défend, et j'avoue que le mystère de la procédure et les détours de la loi m'ont toujours dépassé, mais une femme qui se défend résolument, au nom des principes, de l'honneur et du droit, cette femme est détestable... Elle veut donner raison à l'autorité établie ; elle fait scandale ; elle crie : « Je ne suis pas folle ! Elle crie : « On m'a volé ! » Eh bien, une telle femme est une nuisance publique.

En règle générale, les gens bien élevés qui sont emprisonnés et volés n'en font pas beaucoup de bruit. Mais dans le cas de la fille d'un roi et de l'épouse d'un prince qui refuse d'être considérée soit comme une folle, soit comme une dupe, il est impardonnable de sa part de créer un scandale. Si elle avait fait le bon choix, on n'en aurait pas parlé. Elle serait encore à l'ombre des tilleuls de la Cour ; et comme elle veut se lancer dans la littérature, elle aurait pu écrire un livre sur la gloire de la justice humaine en Belgique et ailleurs.

Merci beaucoup! Ma conscience est toujours la mienne. Je ne l'abandonnerai pas. Je mourrai incompris, calomnié et volé, mon dernier mot sera un mot de protestation. Ce qu'on m'a reproché doit être justifié ; Je ferai le bien. Je n'ai aucune raison d'avoir honte de mes « extravagances » passées.

Dieu merci, mes « victimes » ont toujours été payées intégralement, et toujours à leur propre avantage.

Je me considérerais déshonoré si j'avais fait perdre à quelqu'un quelque chose à cause de lui, si minime soit-elle. J'aurais préféré me contenter des tricheurs plutôt que de me disputer avec eux.

Après avoir écrit si longuement sur mes dépenses, permettez-moi maintenant d'aborder la soi-disant cession de ma fortune et de mon testament à mon entourage.

Que personne ne soit trompé ! A ce propos, la calomnie s'est toujours attaquée à une seule personne, celui à qui j'ai consacré ma vie comme il m'a voué sa vie. Ses ennemis lui ont attribué leurs propres motivations basses. Ils ne voulaient pas le voir, et ils niaient que sa grandeur d'âme était bien au-dessus de tous les misérables calculs d'intérêt personnel.

En vain il jetait dans l'abîme tout ce qu'il possédait, tout ce qu'il était susceptible de posséder. Quelle abnégation sublime, étouffée par la haine sous ses hideuses inventions !

Oh, noble ami, que n'a pas dit de toi la bête hurlante et monstrueuse de la haine ?

Sans doute, comme moi, vous n'avez pas pu lutter contre des financiers frauduleux, des hommes de loi trompeurs et des amis perfides. Mais oser insinuer que vous avez jamais soumis ma volonté, trompé mes pas, falsifié mes actes, ah ! c'est plus absurde qu'infâme.

J'ai, j'ai toujours eu, une force de résistance capable de tout sacrifier à un idéal d' honneur et de liberté, sans quoi j'aurais été une simple poupée ou une girouette sensible à chaque souffle.

Plein de conscience quant à l'essentiel de la dignité humaine, je serais alors l'inconscience personnifiée pour des choses de seconde importance.

N'est-ce pas idiot ?

Mais laissons ce sujet et jetons un jour nouveau au sujet des tentatives incroyables d'une haine que rien ne put désarmer jusqu'au jour où une autre justice, non celle des hommes, renversa des trônes si indignement occupés et me délivra des persécutions de dont j'étais l'objet.

A la veille de leur chute, les monarques allemands et austro-hongrois croyaient encore pouvoir faire de moi ce qu'ils voulaient. Les torts que j'ai subis ne sont qu'un exemple de ce qu'ils ont osé faire. Quels crimes n'ont-ils pas commis et qui restent cachés ! Et quelle corruption s'accroche jusqu'à leur mémoire !

Le commencement des intrigues qui ont amené ma chute est connu du monde.

J'étais à Nice avec ma fille. Dora, qui représentait à la fois mon espérance et ma consolation, m'a été enlevée par son fiancé, qui était de mèche avec le prince de Cobourg, et qui a rompu la promesse solennelle qu'il m'avait faite.

Le prince sentit instinctivement que j'avais l'intention de m'enfuir, et il savait qu'avec moi s'évanouirait aussi son espoir de posséder mon héritage du roi des Belges.

"Elle pourrait divorcer", pensa-t-il. "Elle pourrait se remarier."

J'avais pensé au divorce. Cela pourrait bien devoir arriver beaucoup plus tard. Mais si je ne pouvais m'empêcher de me libérer d'une promesse faite à un homme qui avait détruit les raisons qui étaient à la base du vœu prononcé, j'hésitais à me libérer de mes vœux envers un Dieu invisible et silencieux, qui ne corrompt pas, ne trompe pas et ne trompe pas. persécuter.

L'indissolubilité du mariage est une chose ; la rupture des liens de la chair en est une autre. Plus je vis, plus je suis convaincue que le divorce est un fléau. Il faut avoir le courage d'admettre que les cas individuels ne doivent pas être pris en compte, seul l'intérêt de la communauté doit être pris en compte. Plus la valeur accordée au mariage est élevée, meilleure sera la société. Le lien conjugal est devenu quelque chose d'extrêmement fragile et, par conséquent, la société n'a plus aucune solidité. L'Église a raison. Mais qui d'entre nous ne trébuche pas, et lequel d'entre nous ne méconnaît pas que la loi divine est essentiellement une loi humaine ?

Le comte reçut à Nice les seconds du prince de Cobourg, à qui la cour de François-Joseph avait relégué cette charge. Le duel mit les deux adversaires face à face à l'École d'équitation de cavalerie de Vienne, en février 1898. Le lieutenant tira deux fois en l'air et le général tira deux fois sur le lieutenant. On leur a ensuite remis des épées. Le lieutenant continua de traiter le général avec respect et le toucha légèrement à la main droite.

Il ajoutait ainsi aux sentiments de haine que le prince éprouvait déjà à son égard. Trois semaines plus tard, il fut impliqué dans cette abominable histoire de fausses lettres de change, qui était entièrement une invention et à laquelle, plus tard, le Reichsrath rendit pleinement justice.

L'impossible jugement qui prétendait déshonorer l'un des hommes les plus nobles n'aurait jamais été prononcé si j'avais été cité à témoin.

Mais mes ennemis se sont empressés de me faire incarcérer. Mon témoignage a été supprimé et le chef d'accusation a été condamné.

Il vit encore, silencieux et caché, un homme qui, si j'estime bien, doit avoir soixante-quinze ans. J'écris ces lignes en espérant qu'il pourra les lire avant de disparaître définitivement du monde.

Maintenant, quand ma mémoire l'invoque, je le vois debout au seuil de l'asile de fous dans lequel sa haine m'avait fait jeter, et je le revois à la porte de la prison où il avait provoqué le comte Geza. Mattachich va être confiné. Mais je voudrais qu'il sache que ses victimes lui ont pardonné. Ils pourraient aujourd'hui exiger satisfaction de la justice autrichienne, libérée des contraintes des années passées. Ses victimes l'épargneront. Que Celui qui nous jugera tous juge ce vieil homme. Je ne sais même pas qui furent les instruments de sa vengeance.

Il n'y a pas longtemps à Vienne, on m'a montré une pauvre créature à moitié aveugle et avec un pied dans la tombe, et j'ai entendu le nom de l'avocat juif, maintenant répudié par tout ce qu'il y a d'estimable dans la communauté juive d'Autriche, qui était le l'agent, l'instigateur et le conseiller de la haine implacable qui détermina ma destruction.

Je me retournai vers lui en pensant que ce même personnage, si têtu dans son système de sévérité policière, et au service de l'abus de pouvoir, avait aussi armé la main de la femme qui avait tué mon fils....

Et très ému, je me suis demandé :

"Est-ce qu'ils ont compris ?"

Oui, peut-être. Sans doute ne sont-ils plus ce qu'ils étaient. La vie a dû aussi les changer.

Peuvent-ils, sans douleur, se souvenir d'hier ?

Pour parler franchement, nous avons fui pour échapper à ces ennemis ; Je n'ai pas réfléchi et j'ai cru qu'ils auraient pu ordonner notre arrestation. Je croyais aussi à la parole des émissaires à la solde du prince. Nous étions alors en France où je ne courais aucun risque. Je souhaitais partir pour l'Angleterre et implorer l'aide et la protection de la reine Victoria qui m'avait donné tant de preuves de son affection.

Ma fidèle dame d'honneur, la comtesse Fugger, partageait mes craintes et m'accompagnait dans ma fuite précipitée.

A peine étions-nous arrivés à Londres que nous recevions toutes sortes d'indices mystérieux de la part de prétendus amis. Il faut repartir tout de suite, sinon le décompte et je serais perdu. Nous quittions donc Londres sans aucune tentative de ma part pour rejoindre la Reine que nous avions croisée dans notre voyage, car elle venait de quitter l'Angleterre pour le midi de la France.

Nous n'étions pas de l'étoffe dont sont faits les criminels. Ils sont plus insensibles. Encerclés par notre imagination trop crédule, nous songeons alors à nous réfugier chez la mère du comte au château de Lobor .

Personne n'a jamais compris pourquoi et comment je me suis résolu à aller en Croatie, chez la comtesse Keglevich .

Son deuxième mari, le beau-père du comte Geza Mattachich , était membre de la Chambre des magnats hongrois, député et ami des vassaux de Croatie. J'étais convaincu que personne n'oserait m'emmener sous son toit.

Notre aventure était à cette époque un sujet public. Les journaux de tous les pays en faisaient mention. Le duel fut le point culminant de cette terrible publicité. Et comme la calomnie et ses manœuvres n'avaient pas encore eu d'effet, nous étions considérés comme des romantiques dont la sincérité désarmait la critique et suscitait des sentiments de sympathie.

Quand je pense que depuis, on m'accuse de duplicité, je ne peux m'empêcher de sourire. Peu de cas peuvent être cités d'une existence plus ouverte que la mienne. Je n'ai jamais caché à mes amis quelle exigence était pour moi ma vie avec mon mari, et lorsque j'étais impuissante, je n'ai jamais fait mystère du secours que je trouvais chez un libérateur chevaleresque placé providentiellement sur mon chemin.

Mais le monde ne pardonne pas à ceux qui ne veulent pas porter un masque de duplicité et qui refusent de cacher les sentiments de leur cœur.

Beaucoup de gens sont obligés de cacher leurs sentiments. Mais nous, mais moi... vraiment, où est le crime ?

Je suis tout à fait prêt à mourir ; Je n'ai aucune crainte de la justice de Dieu.

Forts de notre loyauté commune, nous étions bêtement persuadés qu'en France, en Angleterre, en Allemagne et ailleurs, nous serions en danger ; on nous avait prévenus que l'intention de mon mari était de me mettre dans un asile — Gunther de Holstein me l'avait dit et avait parlé de me faire protéger par son tout-puissant beau-frère... Quelle comédie inoubliable ! Nous sommes arrivés en Croatie avec la certitude que sous le toit de Keglevich je serais en sécurité.

Le comte me confia à ses parents le temps qu'il fallait pour obtenir la séparation d'avec le prince de Cobourg. La conversation s'est calmée. L'opinion publique était de mon côté, surtout à Agram où le comte et sa famille étaient considérés avec affection. A Vienne, même la camarilla ennemie fut désarmée. Nous n'étions plus que deux créatures comme tant d'autres ; l'une meurtrie par ses chaînes brisées, l' autre prête à l'aider. Et cette dévotion sera peut-être un jour sanctifiée par le temps.

Ô rêves ! Oh j'espère! Nous sommes vos jouets. La terrible réalité surgit et nous déchire.

Nous n'avions pas prévu le complot contre nous et les odieuses accusations qui seraient portées contre le comte.

Soudain, son beau-père, qui était bien connu à la Cour et avait de l'influence dans d'autres domaines, fut séparé de nous. Apparemment, il avait été informé confidentiellement du crime imputé à son beau-fils, et l'accusation a fait son effet.

Cette explication de son changement de manière est la plus indulgente que je puisse donner.

L'appui du comte Keglevich nous manquant ainsi, la comtesse, déchirée entre l'amour de son fils et celui de son mari, se plaça dans une position très délicate, et nos ennemis eurent donc le champ libre à Agram .

Cependant, il y avait deux partis ; de notre côté se trouvaient les étudiants et les paysans, et contre nous la police et les autorités.

Dès que le comte crut que nous avions l'appui des étudiants et des gens de la campagne, il eut peur et nous livra. L'avocat du prince, cet homme que je ne puis nommer, reçut les pleins pouvoirs. L'Empereur consentit à le laisser agir comme il l'entendait, et il avait les poches pleines de mandats.

Je dois dire, au nom de François-Joseph, qu'on lui avait assuré que le comte voulait me tuer. Ce à quoi le Souverain aurait répondu :

"Je ne veux pas d'un deuxième Meyerling . Faites le nécessaire."

Le prince et ses serviteurs ne manquaient pas d'inventivité. Leurs mesures étaient bien prises et leurs plans bien établis. Un train spécial était prêt à la gare d' Agram pour la femme qui devait être déclarée folle pour raison d'État, et une cellule de la prison militaire était préparée pour l'homme qui devait devenir *un* criminel aux yeux de l'État. monde.

Toute l'Autriche le savait, et bien d'autres choses encore.

Un médecin (un fonctionnaire que je n'avais jamais vu), avec mon certificat de folie en main, m'attendait à Agram sur ordre de la police, en compagnie d'une infirmière de l' asile d'aliénés de Doebling .

Ces personnes et un *groupe* de détectives sont restés à l'affût pendant une semaine entière. Tout dépendait de notre capacité à aller en ville. Ils n'auraient pas osé nous arrêter au château de Lobor, en rase campagne, où nos défenseurs se seraient précipités à notre secours en un clin d'œil.

Les autorités militaires ordonnèrent au comte de se rendre à Agram et, étant un officier en permission, il fut contraint d'obéir.

Nous avions le pressentiment d'un « coup d'État ». Mais notre situation au château était devenue délicate en raison du changement d'attitude de son propriétaire, qui était désormais parti, emmenant avec lui la comtesse Keglevich . Il nous semblait que rien ne pouvait être pire que cette cruelle éloignement. Cependant, le comte devait obéir aux ordres, alors moi aussi, j'ai décidé d'aller à Agram . Il m'était impossible d'éviter le danger qui le menaçait.

Alors nous sommes partis. Je me rendis, avec ma dévouée comtesse Fugger, à l' Hôtel Pruckner . Le comte se rendit dans l'appartement qui lui était réservé, et moi dans le mien. Nous sommes arrivés tard dans la nuit.

Le matin, vers neuf heures, alors que j'étais encore au lit, la porte de ma chambre fut forcée. L'avocat du prince entra, suivi d'hommes habillés et gantés de noir, des policiers en grande tenue. Le médecin et l'infirmière de Doebling formaient le décor.

Le train spécial attendait en pleine vapeur dans la gare. Quelques heures plus tard, sans avoir eu le temps de me ressaisir, j'ai été soudainement arraché à la société normale et me suis retrouvé dans une cellule de l' asile de Doebling , à la périphérie de Vienne. Grâce à une grille dans la porte, je pouvais être surveillé en permanence. La fenêtre était grillagée à l'extérieur. J'ai entendu des cris et des hurlements au loin.

On m'avait placé dans la partie de l'asile réservée aux fous furieux. J'ai vu un malade libéré pour s'aérer courir autour d'une petite cour sablée dont les murs étaient rembourrés de matelas. Il sautait et se jetait en poussant des cris perçants.

J'ai reculé, horrifié, en me couvrant les yeux et les oreilles. Je me jetai sur mon lit étroit et, sanglotant amèrement, j'essayai de cacher ma tête sous l'oreiller et les couvertures pour ne ni entendre ni voir.

Que ne serais-je pas devenu sans la mémoire de la Reine et sans l'aide de Dieu ? Ma foi m'a soutenu et m'a donné le courage des martyrs.

Pendant ce temps, à Agram , on racontait au comte, également en état d'arrestation, qu'en vertu du Code militaire autrichien de 1768 il était accusé — par qui comparaîtra bientôt — d'avoir négocié des projets de loi portant les signatures de la princesse Louise de Saxe-Cobourg et du Archiduchesse Stéphanie .

Je serais déclaré fou, et lui, faussaire !

Le pire qu'ils m'ont fait n'était rien comparé à ce qu'ils lui ont reproché.

Ah ! cette justice de Cour que la révolution a balayée depuis ! Ah ! ce code d'une armée, esclave d'un trône et non gardien du pays ! Quel défi au bon sens à l'aube du XXe siècle !

Et puis on s'étonne quand le peuple se lève !

Le comte fut mis en prison sur l'accusation du même individu anonyme qui s'était intéressé comme agent de police à mes affaires. Le gouverneur d' Agram était sous ses ordres. Il croyait aux paroles – ou semblait croire – de ce petit avocat qui affirmait que le comte Geza Mattachich avait contrefait ma signature, ainsi que celle de ma sœur Stéphanie , sur des billets qui étaient déjà depuis neuf mois entre les mains des escompteurs d'effets de Vienne, qui avaient soudain (!) découvert que les signatures étaient des faux.

Ma signature était dans mes propres écrits. C'est pourquoi il n'était pas conseillé de me laisser parler.

La signature de ma sœur était fausse et ajoutée après coup, mais par qui et pourquoi ?

Il aurait été très déconseillé de me permettre de poser cette question. Le comte ne savait rien de ces billets et de l'usage des fonds qu'ils représentaient.

Il aurait été très déconseillé pour moi d'être sur les lieux. J'étais parfaitement gardé.

Le comte, selon la justice militaire autrichienne, se trouvait en présence d'un *auditeur* , magistrat à la *fois accusateur, défenseur et juge* .

Tout cela peut paraître incroyable. Mais il y avait pire à venir. Le 22 décembre 1898, le comte fut condamné à perdre son rang et son titre de noblesse, et à subir six ans de détention cellulaire pour avoir « escroqué » environ 600 000 florins à un « tiers ».

Mais le 15 juin précédent, à l'échéance des faux billets, la troisième personne mentionnée... avait été entièrement remboursée par le prince de Cobourg, qui avait le droit d'agir pour moi dès le jour de mon arrivée à Doebling , et le comte fut perdu. Oui, perdu et pour toujours – c'est du moins ce que pensait son bourreau. Mais, même si, grâce à des amis zélés, le comte avait pu obtenir une déclaration signée par les escompteurs attestant qu'ils n'avaient aucune réclamation et qu'aucun mal ne leur avait été fait par le comte Geza. Mattachich , cette preuve a été refusée et retenue par le *vérificateur* . Ce n'était même pas sur le registre.

Et l'abominable jugement prétendait faire compter ce monsieur parmi les messieurs, un faussaire et un voleur, bien qu'il fût innocent et que tout le monde connaisse son innocence.

Mais je m'attarde sur des infamies qu'il est superflu de rappeler. On sait que le jugement fut cassé quatre ans plus tard par le Reichsrath , grâce à l'indignation du parti socialiste. [1] Le comte a été vengé du haut du tribunal parlementaire, et la justice qui déshonorait l'armée autrichienne a cessé d'exister et s'est engloutie dans les ruines d'une monarchie et d'une cour qui n'ont que trop longtemps existé. un criminel.

[1] "Extrait des actes de la séance du Reichsrath , tenue le 17 avril 1902. Discours du député Daszynski :

"Messieurs, le deuxième jugement qui a été prononcé suite à la demande de révision du premier procès a reconnu que Monsieur Mattachich n'a contrefait aucune des signatures !

"Ce verdict du tribunal militaire supérieur est d'une grande importance dans toute cette affaire. Car, messieurs, si le tribunal militaire supérieur avait simplement rejeté l'appel, nous pourrions encore croire que Geza Mattachich avait contrefait les deux signatures. Mais comme Mattachich n'a fait de tort à personne, puisque les usuriers ont récupéré l'argent ainsi qu'un taux d'intérêt élevé, s'élevant au total à plusieurs centaines de milliers de florins, le jour même les effets arrivaient à échéance, puisque de tout cet argent il n'y avait pas un sou. s'est retrouvé dans la poche de Mattachich , chose qui, en fait, ne lui a pas été reprochée, on est en droit de se demander quel intérêt aurait Mattachich-Keglevich - outre le fait d'admettre un goût singulier pour la perversité de sa part. — de corroborer par une fausse signature les factures de la princesse de Cobourg qui ont été reconnues bonnes ?

" Et maintenant, messieurs, si nous posons la question *qui prodest* ? Nous ne répondrons certainement pas à Mattachich-Keglevich , car cela n'aurait d'autre résultat que celui de l'envoyer au pénitencier de Moellersdorf — mais bon pour les prêteurs. C'était du Le plus grand avantage pour eux est qu'une signature contrefaite soit ajoutée à une signature réelle, car c'est un fait bien connu des usuriers qu'une signature contrefaite vaut plus qu'une signature authentique, et je vais vous dire pourquoi.

« Avec une signature authentique, le mari qui est obligé d' honorer ce genre de dette peut dire : 'J'accepte de payer le principal mais pas les intérêts excessifs.' C'est ainsi que le prince de Cobourg a payé dans bien des cas. Mais cette fois les usuriers ont répondu : « Non, grâce au faux, nous sommes en mesure de provoquer un scandale, de menacer : nous avons entre les mains une arme dirigée ; contre le prince de Cobourg et contre les milieux de la Cour.

« Messieurs, je vous ai suffisamment prouvé que le second jugement plaçait l'affaire sur un pied différent et jetait sur le sujet un tout nouveau jour. Profitant de ce fait, Mattachich fit appel à la Cour d'Appel Souverain, et ce tribunal a décidé qu'après l'examen de la procédure ils avaient lieu de confirmer le deuxième jugement et de rejeter l'appel du condamné.

« En même temps, messieurs, de nombreux faits se sont accumulés qui prouvent clairement l'innocence de Mattachich . Notamment, on a produit une lettre également fausse, et qui indiquait aux juges la ligne à suivre.

"Ce document était une lettre écrite en allemand adressée à Léopold II, roi des Belges. Il s'est avéré surabondamment fictif. Il n'avait pas été écrit dans l'intérêt de Mattachich mais dans celui des prêteurs sur gages. Et ceux qui s'étaient engagés ces faux étaient bien plus en compagnie des usuriers que dans celle de Mattachich .

" Car il ne s'agit pas, messieurs, de simples prêteurs d'argent. Notre affaire n'est pas avec des " directeurs de chambre de commission ", comme on les appelle dans les jugements, mais avec des hommes d'affaires astucieux qui prêtent de l'argent à diverses personnes de la Cour. à un taux d'intérêt totalement usuraire, et dont les signatures de ces personnes, notamment de la Princesse Héréditaire Stéphanie , veuve , sont parfaitement connues.

" Très bien ! Je vous le dis, messieurs, si je ne puis vous présenter tous les éléments du *procès* , je m'appuie ici, non seulement sur de vagues présomptions mais sur les dépositions de témoins, sur des affirmations absolument incontestables qui prouvent que Mattachich-Keglevich , qui a croupi pendant quatre ans dans un pénitencier, est un homme innocent.

"Huit jours avant son arrestation, ils ont consenti à reconnaître, par acte notarié, qu'ils lui avaient donné toute "occasion de fuir" ("Ecoutez, écoutez!"), à condition qu'il abandonnerait la princesse Louise.

"Messieurs, on ne propose pas d'assurer par acte notarié à un homme comme Mattachich-Keglevich sa liberté de partir pour un pays étranger. Ces gens voulaient simplement se débarrasser de lui, ils voulaient assouvir la vengeance du prince époux, et c'est pour cela que l'assassinat judiciaire et militaire a été commis. Et, comme si cela ne suffisait pas, sur ordre du comte Thoune, alors président du Conseil, la princesse Louise fut bannie, comme une malheureuse étrangère, du territoire des royaumes et des territoires. des pays représentés au Reichsrath , bien qu'elle fût l'épouse d'un général autrichien (« Ecoutez, écoutez ! ») Oui, messieurs, nous allons maintenant rendre public ce fait demain dans le rapport de ; la séance, mon interpellation à ce sujet, et vous trouverez alors les dates et tous les détails relatifs. Oui, messieurs, dans l'intérêt de certains personnages élevés et possédant beaucoup de richesses, il se passe certaines choses qui ne pourraient jamais arriver si nous étions un. véritable État constitutionnel. ('Très vrai!')

" Et maintenant, messieurs, je vous le demande : qui devrait être tenu pour responsable d'avoir jeté ces personnes en prison uniquement pour que le riche prince de Cobourg puisse assouvir sa vengeance ? Étaient-ils, par hasard, des officiers ? Non, je vous le dis bien. franchement, les officiers étaient innocents. Ils n'auraient jamais prononcé une telle sentence si Mattachich et les témoins avaient comparu devant eux, et si l'accusé avait été autorisé à interroger les témoins, si la presse avait pu rendre compte des débats. , si le talentueux lieutenant avait eu la liberté de parole en audience publique, s'il avait pu avoir un avocat pour le représenter, n'est-il pas bien malin de jeter des gens en prison et de les faire condamner par un auditeur et par des juges. qui ne savent rien de l'affaire ! Messieurs, je ne veux accuser personne de faux, je ne veux accuser personne. Mon but n'est pas de dénoncer une institution qui est la source fatale de toutes les fautes et de toutes les erreurs.

" Et voyant que nous avons ici l'occasion de débattre de tels actes en Parlement ouvert, je m'adresse à M. le ministre de la Défense nationale : veut-il, lui qui est un homme d' honneur , veut-il, non seulement comme un vieil homme aux cheveux blancs, mais aussi en soldat dont la conscience est pure et tranquille, pour prendre sur ses épaules la responsabilité des angoisses et des tortures infligées à un innocent. Va-t-il se taire, ou va-t-il parler ?

"S'il n'est peut-être pas en mesure de prendre une décision aujourd'hui, il n'a pas le droit d'hésiter plus longtemps à faire la lumière sur cette mystérieuse affaire."

CHAPITRE XV Ier
Lindenhof

Peut-on se rendre compte de manière adéquate des souffrances d'une femme qui se voit effacée du monde et emmenée dans une maison de fous – prisonnière consciente d'un odieux abus de pouvoir ?

A Doebling , puis à Purkesdorf , mes tortures auraient été au-delà de l'endurance humaine si j'avais été obligé de souffrir seul. Mais avec l'espoir de la justice divine, le fait de savoir qu'un autre se soumettait à un châtiment pire uniquement à cause de moi m'a donné la force d'endurer. La perte de l'honneur est aussi terrible que la perte de la raison. Je ne pouvais pas m'abandonner au désespoir total pendant que le comte résistait héroïquement à ses persécuteurs avec une dignité qui fut avouée plus tard lorsque les débats du Reichsrath jetèrent un jour nouveau sur mes affaires.

Mais quelles heures terribles j'ai passées ! Quelles nuits d'agonie ! Quels horribles cauchemars ! Quelles larmes, quels sanglots ! J'ai essayé en vain de me contrôler. Heureusement, mes serviteurs me plaignaient. C'était une certaine consolation. J'avais même l'impression que les médecins, embarrassés par la responsabilité de mon cas, me regardaient avec bienveillance. A l'exception de deux ou trois misérables créatures, rachetées par mes ennemis par cupidité ou par bêtise, je n'ai guère trouvé de médecins qui ne fussent dégoûtés de l'injustice qui m'était faite, et qui ne demandaient rien de mieux que de se décharger de la responsabilité de leur entretien. moi dans une maison de fous sur les épaules de quelqu'un d'autre.

L'opinion publique en Autriche étant extrêmement hostile, mon bourreau et ses complices trouvèrent opportun de me transférer dans un asile tranquille et charmant de Saxe. Je fus donc conduit à Lindenhof , près de la petite ville de Koswig, au milieu des forêts, à moins d'une heure de chemin de fer de Dresde.

Lindenhof ! La signification réelle signifie « Les tilleuls de la cour ». Des tilleuls apaisants ! De charmants tilleuls ! Ce nom me rappelait « Unter den Linden » (Sous les tilleuls) à Berlin, et les obligations que j'avais envers mon gendre et sa famille, rassurés maintenant par la connaissance de ma captivité en Saxe. L'héritage du roi ne tomberait pas entre mes mains inutiles !

Aucun membre de mon entourage qui m'était cher n'était autorisé à rester avec moi. Ma bonne comtesse Fugger fut obligée de me laisser du matin au soir aux soins de mes geôliers. En guise de compensation, ceux de Lindenhof étaient censés me traiter avec toute la déférence due à mon rang. La peur de l'opinion publique est le début de la sagesse en ce qui concerne les princes.

Il était impossible à quiconque de dire maintenant, comme dans le cas de mes expériences précédentes, que je n'étais pas traitée comme une princesse et une fille de roi. J'avais une maison séparée, une voiture, des servantes et une compagne ! J'ai été autorisé à sortir lorsque le Dr Pierson, le directeur médical, l'a jugé opportun. Mais ma maison était entourée des murs d'une maison de fous ; le cocher et le valet de pied étaient des policiers ; le compagnon n'occupait cette position que pour me garder prisonnier et faire de volumineux rapports sur tout ce que je disais ou faisais.

Ma cage était certes dorée, et elle possédait divers débouchés sur la campagne et la ville voisine. Mais c'était quand même un tombeau, et je me rendais compte que j'étais mort pour tous ceux qui m'avaient connu, à commencer par les membres de ma propre famille.

J'ai dit que, honteux du crime auquel ils avaient tacitement consenti, mes parents laissaient passer des années avant de venir voir les « invalides ». Ce n'est que lorsque l'opinion publique a critiqué leur comportement sans cœur qu'ils ont décidé de me rendre visite.

L'indignation contre la méchanceté du châtiment infligé au comte Mattachich était devenue plus forte que le pouvoir qui voulait l'écraser. En le mentionnant, la presse se souvenait de mon existence. C'est alors que ma fille et ma tante, la comtesse de Flandre , sont venues me voir, et ma sœur Stéphanie a donné signe de vie.

J'avais perdu ma mère bien-aimée sans la revoir. Ses lettres, bien que bonnes et cruelles à la fois, étaient mes reliques les plus chères. Mais chaque fois que je les lisais, mon cœur se déchirait, car je sentais que ma mère était convaincue que j'étais vraiment fou.

Quant au roi, hélas ! il ne m'envoya aucun mot. Sans doute son esprit, comme celui de la reine, avait été empoisonné : n'était-il pas, lui aussi, certain de la culpabilité du comte ? Quelle ruse n'avait pas été employée dans son cas ! Pour jouer le jeu de mon mari et de mon gendre, il fallait que mon père croie absolument à nos « crimes ».

Que pouvais-je faire, seul dans ma maison de fous, privé d'aide et de liberté ?

Mais je devinais les complots qui se tramaient à Bruxelles et quel appui mes ennemis avaient obtenu pour triompher d'une pauvre femme torturée. Je voyais ma seule chance de salut aux côtés du malheureux qui subissait le martyre au pénitencier de Moellersdorf , pour avoir tenté de me sauver d'un enfer terrestre et de ses abîmes déshonorants .

Peut-être que notre fidélité mutuelle étonnera certains. Rares sont ceux qui comprennent vraiment que, pour certaines natures, la souffrance constitue un lien commun. Nos joies avaient été éphémères, nos chagrins avaient été prolongés. Nous avons été incompris, mal jugés, diffamés et torturés. Mais nous avions mis notre confiance et notre espérance ailleurs que dans les hommes. Souvent les meilleurs n'ont ni le temps ni la possibilité de connaître et de comprendre, et condamnent ainsi les innocents sur la base des apparences, que la haine et la duplicité savent si bien exploiter à leur avantage.

J'étais déclaré « fou » depuis quatre ans, lorsque la Cour de Vienne, effrayée par les cris de l'opinion publique, fut obligée d'abandonner une de ses victimes. Le comte fut gracié. A peine a-t-il retrouvé sa liberté que, sans crainte des conséquences, il a commencé à planifier ma délivrance ! C'était en effet une entreprise périlleuse, car les polices autrichiennes et allemandes, à défaut d'une justice que la crainte de la presse et des parlements maintenait quelque peu contrainte, étaient néanmoins aux ordres de mes ennemis.

J'ai dit, et je le répète encore une fois, qu'il semble incroyable que nous soyons encore en vie.

D'abord, mon chevaleresque défenseur se trouvait pris dans les mailles du filet policier, et ne pouvait faire un seul pas sans être suivi par des espions de tous bords. Quant à moi, je vis Koswig en état de siège. Lindenhof était encerclé par des gendarmes ; même les sapins leur offraient un écran !

Fortifié par la prière et l'espérance, j'étais désormais devenu sinon habitué à mes chaînes, du moins capable de supporter leur poids. Amoureux de la nature depuis toujours, je me délectais des solitudes sylvestres où l'on me permettait de me promener avec mon chagrin, bien entendu sous la surveillance de ma suite de geôliers des deux sexes.

Je n'avais qu'un seul ami : mon chien ! Reverrai-je jamais ce beau visage loyal et ces yeux clairs, dans lesquels seuls, dans un monde de corruption, j'ai vu la lumière désintéressée de l'accueil ?

Cependant, je n'ai pas désespéré. Qu'arriverait-il aux prisonniers innocents s'ils étaient privés des plaisirs de l'Espérance ?

Ah, je me souviens bien de ce jour d'automne où j'ai vu pour la première fois apparaître à mon horizon le soleil de la liberté, et avec lui ces chances de vérité, de réparation et de bonheur que mon imagination imaginait trop vite !

Il faisait un temps délicieux. La splendeur du soleil illuminait la campagne saxonne. Il touchait d'or les sombres forêts qui couvraient la colline près de laquelle j'aimais me promener. Ce désert de sable planté de sapins était agrémenté d'un petit hôtel appelé « Le Moulin sur la crête de la colline », et c'était l'une de mes promenades préférées . Ce jour-là, je conduisais moi-même, accompagné de mon compagnon et d'un palefrenier. Soudain, un cycliste est apparu venant en sens inverse, et qui a effectivement effleuré les roues de ma voiture en passant. Il m'a regardé. Je savais qui c'était, c'était le comte !... J'eus la présence d'esprit de ne pas me trahir. Il était donc libre ! Je croyais que moi aussi je retrouverais ma liberté dès le lendemain.

Trois années devaient s'écouler avant que je m'échappe.

L'alarme était donnée dans le camp ennemi ! On savait que le comte avait quitté Vienne. Une recherche de lui fut aussitôt lancée à Koswig .

Ma compagne, qui, influencée par quelque bonté ou par quelque espoir de gain, nous avait permis, au comte et à moi, d'avoir deux brèves entrevues en sa présence, bien cachés dans la forêt, ne tarda pas à changer d'avis et à se repentir de sa mansuétude.

Le comte fut obligé de renoncer à toute nouvelle tentative pour me voir. La campagne grouillait de policiers. Je n'étais pas autorisé à quitter le Lindenhof . Mon sauveur s'éloigna à quelque distance pour ne pas m'empêcher de faire ces promenades qui me permettaient quelques heures de liberté et de bonheur relatif loin des horreurs de l'asile de fous.

Il ne restait plus qu'un moyen de me libérer. Il s'agissait d'abord de proclamer, puis d'établir ma raison, et de faire appel à la sympathie du public et aux réunions publiques afin d'obtenir ma libération.

Un livre parut dans lequel le comte démontrait sa propre innocence et décrivait la cruauté dont j'étais victime. La presse entière a fait écho à son cri d'indignation.

Et le secours espéré vint enfin de cette généreuse terre de France où mes malheurs se faisaient si vivement sentir. Un journaliste français, écrivain également connu et respecté (dont je voudrais citer le nom avec gratitude, mais dont je suis obligé de respecter la réserve et le dégoût de la publicité), s'était rendu en Allemagne pour préparer un travail politique. A Dresde, on lui parla de mes souffrances. Il alla aussitôt voir le chef de la police, qui, très embarrassé, reconnut que j'étais victime d'une intrigue judiciaire. Afin de me voir personnellement, ce monsieur s'est rendu au Lindenhof en tant que neurasthénique. Mais soit par méfiance, soit par impossibilité de modifier le diagnostic, il n'a pas été accepté comme patient. Il revint à Paris et, par son influence, *Le Journal* , ce puissant quotidien dont l'indépendance est si connue, prit ma cause. A partir de ce moment, le comte trouva l'appui que ce document a étendu à tant d'autres cas méritants.

Il ne pouvait toujours pas retourner à Lindenhof . Cependant le journaliste français est venu là-bas, et la première nouvelle qui a ravivé mon espoir est venue dans une lettre de mon ami alors inconnu, qui, avec une du comte, a été jetée dans ma voiture par un petit garçon.

Cette lettre m'a été volée par mon compagnon. L'autre missive resta en ma possession, et ma policière tenta en vain de m'en déposséder.

Quand je l'ai lu le cœur battant, je n'ai trouvé qu'un seul mot, écrit dans une langue que je n'ai jamais entendue pendant ma captivité : la langue de mon pays natal. Les yeux remplis de larmes, je lis et relis ce mot :

"ESPOIR."

CHAPITRE XVI I
Comment j'ai retrouvé ma liberté et en même temps j'ai été déclaré sain d'esprit

Comme je n'étais pas en bonne santé, il me parut opportun de prendre les eaux en cure. J'avais vraiment besoin de soins, et comme les petits établissements thermaux abondent en Allemagne, il n'était pas difficile de trouver un endroit adapté à mon état de santé, où mes gardiens n'auraient pas peur d'une foule cosmopolite, et où ils pourraient encore me garder en isolé. prisonnier.

Cependant, peu de temps après l'incident des lettres qui avaient été jetées dans ma voiture, on me dit que je devais rester à Lindenhof . Le remède promis a été abandonné.

Heureusement, le médecin appelé en consultation s'est rangé à mon côté et a promis d'intervenir en ma faveur. Entre-temps, mes promenades quotidiennes ont cessé. J'ai même décidé de ne pas sortir du tout, complètement induit en erreur par toutes les histoires qui m'étaient racontées, notamment par le Dr Pierson.

Il me gardait rigoureusement, même s'il me traitait toujours avec respect. Il savait parfaitement que je n'étais pas fou, mais il savait aussi que j'étais un patient très rémunérateur ; l'idée de me perdre lui était extrêmement désagréable. Il a continué à m'observer, mais il a aussi essayé de me faire plaisir et il s'est facilement persuadé que Lindenhof était un endroit vraiment enchanteur.

Sans sa position de docteur en folie et de mon geôlier, ses visites ne m'auraient pas été désagréables, car elles ne manquaient pas de courtoisie.

Le Dr Pierson adopta un air de gentillesse et de dévouement. Il me fit part, sur un ton véritablement alarmé, de certaines informations qu'il déclarait provenir de source sûre, et dont il me conseilla de prendre en considération si je ne voulais pas l'affliger. Il dit avoir entendu dire que des bandits avaient résolu de m'attaquer subitement dans la forêt et de me voler les bijoux que je portais habituellement. Le docteur Pierson ne nia pas que le comte aurait pu m'écrire. Mais il m'a dit que la lettre qui avait été saisie par ma « dame d'honneur » n'était pas celle que j'imaginais. C'était fallacieux et très mystérieux. On ne pouvait pas me le montrer car il appartenait avant tout à la Loi. Je serais bien avisé de renoncer à la lettre que j'avais gardée. Cela émanait évidemment du gang qui avait prévu de me voler et de m'assassiner.

Effrayé au point de l'écouter et complètement déprimé par mon existence, je me suis laissé convaincre. Je ne voulais pas sortir. Pendant plusieurs jours, j'ai vécu dans l'angoisse, l'oppression et l'incertitude. Je ne pouvais pas dormir. Quand je réfléchissais, je ne savais ni quoi penser ni quoi croire. Souffrance sur souffrance m'a submergé. Personne ne peut concevoir la volonté nécessaire pour conserver une certaine lucidité quand on vit des années parmi des fous. La terreur lancinante est telle que si vous n'avez pas la force de vous détacher de votre environnement, vous devez inévitablement succomber.

Mais Dieu m'a permis de m'échapper en esprit et de rejoindre mon sauveur espéré. J'ai fini par me ressaisir et j'ai demandé de nouveau à sortir. Ils n'osèrent pas refuser.

Cependant, j'étais encore quelque peu impressionné par ce que j'avais entendu, et je n'osais plus m'enfoncer aussi loin dans la forêt qu'autrefois. Et si je voyais un ou plusieurs cyclistes, j'avais peur, même si je ne disais rien.

Étaient-ils venus pour m'attaquer ? Je me demandais. Étaient-ils peut-être venus me secourir ?

Quelle puissance que l'imagination ! Les cyclistes n'étaient que des gens inoffensifs vaquant tranquillement à leurs occupations.

Mon docteur-professeur n'avait pas oublié sa promesse. Son intervention obtint l'effet escompté, et il fut décrété que j'irais à Bad- Elster en Bavière. Cet endroit est situé dans les montagnes, à environ un quart d'heure de route de la frontière allemande. Si j'échappais à Charybde, je rencontrerais Scylla !

Le pays est sauvage et le spa mérite d'attirer une *clientèle cosmopolite* . Mais sa renommée, purement allemande, rassurait mes geôliers. Personne ne me chercherait dans cette modeste Wiesbaden bavaroise. Et si, par hasard, mon défenseur arrivait, il trouverait toutes les voies de fuite bien gardées .

En effet, l'hôtel où j'arrivais avec ma suite de policiers, hommes et femmes, fut aussitôt entouré, selon les règles de la profession, par un cordon de sentinelles et d'inspecteurs.

Si une personne inconnue ou suspecte s'approchait, elle était suivie, observée et rapidement identifiée.

Le comte se garda bien de se montrer, quoique, par des renseignements qu'il s'était procurés à Koswig , il ne tarda pas à apprendre que j'étais parti pour Bad- Elster .

La police n'a rien signalé d'exception à mes gardiens. Personnellement, je n'étais, comme d'habitude, ni impatient ni excité. Ma « dame d'honneur » ne pouvait nier mon affabilité. Mais en moi-même, je sentais que la délivrance était proche.

Cette intuition s'est rapidement confirmée.

Un jour, alors que je jouais au tennis, j'ai remarqué un gros homme dont la démarche, le chapeau et les vêtements le disaient être autrichien. Ses yeux rencontrèrent les miens d'une manière très curieuse , mais il me salua respectueusement. J'aurais juré que son regard annonçait l'arrivée du comte.

Je n'ai pas été trompé.

Un peu plus tard, alors que je sortais de la salle à manger de l'hôtel, précédé du médecin attaché à moi et suivi de ma « dame d'honneur », un homme blond me frôla et me murmura : « Écoutez. ! Quelqu'un travaille pour vous."

J'étais obligé de m'appuyer contre la porte ; J'étais soudain incapable de bouger. Heureusement, je me suis rétabli. Mes deux chiens de garde n'ont rien remarqué.

Le lendemain, je descendis dîner accompagné du médecin et de mon compagnon. Le serveur qui s'occupait habituellement de nous était un peu en retard et finissait de mettre la table. D'ordinaire, il osait à peine me regarder, mais je voyais maintenant que ses yeux me parlaient. En même temps il passait et repassait sa main sur la nappe. Il fit d'abord un pli, puis il arrangea et réarrangea le linge. Je m'assis et, au même moment, je touchai négligemment l'endroit que le garçon avait semblé indiquer. J'ai entendu un crépitement de papier sous le tissu....

Mes deux gardiens discutaient de Wagner ; ils parlaient de sujets ordinaires. Ils me virent approuver leurs banalités avec un sourire gracieux, et ils redoublèrent d'éloquence. J'en profitai pour saisir et cacher la lettre si adroitement placée à ma portée entre la nappe et la table.

J'ai lu la lettre — j'ai dévoré son contenu — dès que je me suis retrouvé seul dans ma chambre. C'est à qui j'ai deviné ! Cela annonçait ma liberté prochaine. Il m'a donné des explications sur ce qui avait été fait et ce qu'il restait à faire pour pouvoir échapper à ma longue torture. Je devais répondre de la même manière. Je pouvais compter sur le serveur.

C'est ainsi que commença une correspondance quotidienne entre le comte et moi. Je sus très vite quelles mesures je devais prendre, quelle attitude adopter, quels préparatifs nécessaires faire, qui craindre et à qui faire confiance.

Le veilleur de nuit avait été gagné de notre côté. Ce brave homme, comme le garçon, courait un grave risque. Personne ne saura jamais quelle est l'étendue du dévouement qu'a suscité et suscite encore l'effroyable persécution dont j'ai été victime !

Je reçus enfin le billet très attendu qui disait : « *Ce sera pour demain* ».

Demain! Demain! Il ne me restait plus qu'un jour à attendre, et alors je serais libre... C'était en août 1904. J'étais en captivité depuis sept ans ; J'avais vécu parmi des fous et j'avais été traité comme un fou.

Une seule pensée me glaça le sang : le comte allait sans doute paraître . Et je me souvenais que tout récemment ma « dame d'honneur » m'avait montré un revolver et m'avait froidement prévenu qu'elle avait l'ordre — de qui ? — de tirer sur tout secouriste potentiel.

Jamais mes prières ne furent plus ardentes. Puis, retrouvant ma sérénité et ma confiance, j'ai fait tous mes préparatifs.

J'avais besoin de quelques heures pour ranger mes papiers, détruire mes lettres et trier ce que je comptais emporter avec moi. Comment faire tout cela sans éveiller les soupçons ?

J'ai décidé de dire qu'au lieu de sortir l'après-midi, je me laverais les cheveux. Ce procédé, que je fis souvent moi-même, me donna l'occasion d'être seul, sans que la « dame d'honneur », cette infatigable espionne, s'alarmât. La femme de chambre a arrangé tout ce qui était nécessaire, et j'ai fait un grand spectacle en éclaboussant avec l'eau. Mais je prenais bien soin de garder mes cheveux secs, de peur de contracter des rhumatismes ou des névralgies, qui auraient considérablement diminué le bon état de santé dans lequel il m'était si nécessaire d'être. Je me suis roulé une serviette autour de la tête et j'ai pris les mesures nécessaires sans être dérangé. Le soir venu, reposé et rafraîchi par une « toilette » opportune, je me rendis au théâtre avec mon escorte habituelle.

De toutes les pièces que j'ai jamais vues, aucune ne m'a laissé un si léger souvenir que celle dont le petit théâtre de Bad- Elster régala ce soir-là son honnête public. J'étais perdu dans mes pensées sur ce qui allait suivre, et je me suis dit :

" Quoi qu'il arrive, si la vie est un jeu, jouons-le jusqu'au bout. " La représentation terminée, je rentrai à mon hôtel, sans laisser paraître mon agitation secrète. Le docteur et l'autre disciple furent aimablement renvoyés sur le seuil de ma chambre, et mes dernières paroles ajoutèrent à leur tranquillité :

« Nous avons convenu d'aller au tennis un peu plus tôt demain matin, dis-je, mais je sens que je passerai une bonne nuit ; remettons donc notre fête à une heure plus tard.

Comment pouvaient-ils douter que j'allais sagement essayer de dormir longtemps ? De plus, tous les soirs, mes vêtements et mes chaussures m'étaient retirés, et bien que je n'étais pas enfermé dans ma chambre (c'était ce qu'ils avaient d'abord voulu, car à mon arrivée toutes les serrures avaient été renouvelées), le veilleur de nuit avait pour ordre de ne pas perdre de vue ma chambre, et un cordon de sentinelles encerclait l'hôtel.

Mais, comme je l'ai dit, la sentinelle était gagnée à ma cause, et quant aux sentinelles, je verrais bientôt ce qui allait arriver. J'avais bien plus peur de ma « dame d'honneur » qui dormait dans la chambre voisine de la mienne. Elle avait un sens aigu de l'ouïe et était toujours en alerte.

J'avais dans ma chambre mon chien préféré , le bon et fidèle Kiki. Que devais-je faire de lui ? Comment prendrait-il mon vol ? Il a aboyé contre une mouche ! L'heure était effectivement venue, mais je voyais sur le chemin de nombreux obstacles harcelants.

Je ruminais tout cela pendant que la femme de chambre achevait son service. Enfin j'étais seul....

Je m'habillai aussitôt en costume et enfilai une paire de bottes que j'avais réussi à cacher en prévision de ma fuite. Mes bagages furent bientôt terminés. Toutes les lumières étaient éteintes, et, osant à peine respirer, j'attendais le signal.

Mais quel signal ? Je ne savais rien. Je dois écouter....

Peu à peu, un silence complet régnait dans ce coin tranquille de la Bavière après la fermeture du théâtre, comme c'est l'habitude en Allemagne, à 10 heures. Ceux qui prenaient part aux dîners tardifs étaient peu nombreux. La nuit calme enveloppait Bad- Elster , une belle nuit de pleine lune, un danger de plus. Mais je n'avais pas le choix et ma veillée allait bientôt se terminer.

Les douze coups de minuit sonnèrent, puis la demi-heure, puis une heure, et presque aussitôt j'entendis à ma porte un grattement semblable à celui d'une souris. Kiki s'est relevé... mais d'un signe je l'ai fait taire, et il a compris.

J'ouvris doucement la porte. L'ombre du gardien était vaguement visible dans le couloir.

"Me voici," dis-je dans un murmure bas.

"Silence !... Tenez-vous prêt. Je reviendrai quand il sera temps."

Il est parti.

Je suis resté deux heures absolument collé à ma porte, ma valise à côté de moi. Enfin, j'ai vu une lueur de lumière. C'était le gardien. Je me tourne vers mon chien qui m'observe avec inquiétude. Il dressa les oreilles et, assis sur le coin d'un coussin d'une chaise, il comprit que je partais sans lui.

Je l'ai caressé en lui disant : "Kiki, ne fais pas de bruit. Si tu le fais, je suis perdu !"

Il ne bougeait pas, il n'aboyant pas, il ne gémissait même pas.

J'étais maintenant à côté du gardien, sur le seuil de la porte.

"Tu dois enlever tes bottes", murmura-t-il. "Vous serez entendu."

Il s'est penché et a enlevé mes bottes ; puis, prenant en charge mon petit bagage, il me fit sortir en s'appuyant sur son bras.

D'un dernier regard, je dis adieu aux objets familiers que j'avais laissés dans ma chambre, et j'ordonnai de nouveau à mon bon petit chien de se taire. J'empruntai le couloir sur lequel donnaient les chambres de ma « dame d'honneur » et du médecin. Dieu merci, les portes sont restées fermées ! Un autre couloir nous conduisait à un escalier par lequel nous gagnions le rez-de-chaussée. Là, dans une obscurité presque totale, j'aperçus une ombre, un doigt sur les lèvres. C'était le comte....

Le veilleur de nuit ne nous laissa pas tarder ; il me rendit mes bottes et nous guida, à l'abri du clair de lune près du bâtiment de l'hôtel, jusqu'à une petite véranda, puis jusqu'à une terrasse qui jouxtait la route.

Là, deux sentinelles s'étaient rencontrées et discutaient paisiblement au clair de lune qui, malheureusement pour nous, éclairait désormais le chemin du salut.

Nous avons attendu avec impatience. Heureusement, ils se séparèrent bientôt et s'éloignèrent dans des directions opposées... Le comte, tentant sa chance, me fit traverser la route en quelques bonds légers. Il tenait ma valise; le veilleur de nuit restait caché sur la terrasse. Nous étions maintenant sous les arbres de l'autre côté de la route. Les sentinelles n'avaient rien vu ni entendu ! Il nous restait encore à atteindre la voiture qui attendait à quelque distance. C'était un landau avec deux chevaux, un équipage local, qui passerait inaperçu. Tout autre, inconnu du district, aurait été signalé et signalé.

Mais une catastrophe s'est produite. La voiture n'était pas là où elle aurait dû être. Nous avons eu un moment de désespoir. Quelle nuit! Quel suspense ! Toute cette agonie d'esprit se passait sous les arbres transpercés par les rayons de la lune, qui semblaient peuplés de fantômes effrayants. Enfin quelques-uns de nos amis, qui étaient au courant de mon évasion, nous rejoignirent et nous conduisirent à la voiture. Cela commença, mais les chevaux fatigués avançaient lentement. Soudain, au milieu du bois, le véhicule s'immobilise ; le chauffeur a avoué qu'il s'était égaré.

Nous avions atteint un endroit connu sous le nom de « Les Trois Pierres », frontière de trois royaumes où se rejoignent la Bavière, la Saxe et l'Autriche.

Le chauffeur tourna le dos à la bonne direction et revint vers Bad- Elster , où nous espérions atteindre la petite gare et prendre un train pour Berlin.

Nous avons eu la chance d'être tirés de notre inquiétude par deux de nos partisans qui, inquiets de notre non-arrivée, se sont précipités sur nous à l'improviste et à propos.

Nous arrivâmes au Hof sans autre incident, et quelques heures plus tard nous étions dans la capitale de la Prusse. Lorsque la nouvelle de mon évasion parvint à mon gendre et à son beau-frère impérial, ils n'y crurent pas. L'agitation était énorme. Mais les choses étaient bien réglées à Bad- Elster . Les gens courageux qui se trouvaient là-bas prirent tellement mon parti que les polices allemande et autrichienne durent même prendre le temps de procéder à une enquête. J'avais disparu dans les airs comme un esprit, et ils ne trouvèrent aucune trace du comte.

A Berlin, les agents secrets du député socialiste, le docteur Sudekum , qui défendit généreusement ma cause, nous attendirent et nous abritèrent jusqu'à ce qu'une accalmie dans la tempête nous permette de gagner un sol hospitalier.

Tout bien considéré, nous décidâmes de nous rendre en automobile jusqu'à la gare où s'arrêtait l'Orient Express, puis de repartir pour la France à travers la Belgique par ce train *de luxe* .

Laissons de côté une alarme à l'hôtel de Magdebourg, où j'aurais été reconnu et dénoncé si je n'avais pas appelé le docteur Sudekum mon mari ! Nous avions l'air très dévoués, et il était bien évident qu'un socialiste célèbre ne pouvait pas avoir pour femme une fille de roi.

J'ai enfin pu accéder à un compartiment pour dormir, et heureusement je l'avais pour moi seul. Le train traversa l'Allemagne à toute vitesse. Le comte veillait sur moi et restait autant que possible dehors, dans le couloir. Les heures passaient. Enfin j'entendis crier : « Herbesthal » !

Je venais d'entrer en Belgique. J'étais sur le point de revoir mon pays. Sans toutefois oser s'arrêter là ! Hélas! Le roi était du côté du prince de Cobourg ! J'osais à peine m'approcher de la fenêtre. J'ai tremblé. Les douaniers belges traversèrent les wagons. On frappa à la porte de mon compartiment et les douaniers apparurent derrière le conducteur. Mais on s'était porté garant de moi et ils se sont retirés sans s'en douter.

Oh, l'ironie de la question banale : « Avez-vous quelque chose à déclarer ?

Au contraire, que ne devais-je *pas* déclarer ? J'étais la fille aînée du grand Roi de ce bon peuple qui ne me reconnaissait pas. J'avais envie de crier, pour être entendu jusqu'au Château de Laeken , et dénoncer l'injustice du Destin, qui a fait de moi une victime et un exilé.

C'est ce que je pensais lors du passage d'un ancien surintendant des chemins de fer belges. Il ne m'a pas regardé négligemment comme l'avaient fait les douaniers ; il m'a scruté gravement, et j'ai vu qu'il savait tout de suite qui j'étais.

Le comte veillait dans le couloir, et il était également certain que j'avais été reconnu. Il suivit le surintendant. L'homme le regarda, lut l'inquiétude sur son visage, et l'identifiant, sans doute grâce aux photographies des journaux, s'arrêta et dit gentiment :

"C'est notre princesse, n'est-ce pas ?... N'ayez pas peur. Personne ici ne la trahira."

Je n'ai jamais connu le nom de ce bon et fidèle compatriote. S'il est encore en vie, j'espère qu'il apprendra à travers ces lignes que ma gratitude lui est souvent allée et lui sera toujours adressée.

J'arrive enfin sain et sauf à Paris. Je n'avais plus rien à craindre. J'étais dans un pays hospitalier, protégé par des lois justes.

Il est de notoriété publique que peu de temps après, les médecins français les plus éminents reconnurent, après de longs entretiens, au cours de mes interrogatoires et examens minutieux, l'inanité des déclarations pseudo-médicales qui m'avaient retenu dans un asile d'aliénés pendant sept ans et m'avaient valu d'être traité comme un mineur, incapable de gérer mes propres affaires. Mes droits civils m'ont été rétablis; avec ma liberté, j'avais miraculeusement retrouvé la raison !

Mais j'ai retrouvé, hélas ! pendant l'effroyable guerre, témoignages de la haine implacable dont j'avais tant souffert.

Cette fois, mes ennemis me crurent en leur pouvoir et se comportèrent d'une manière odieuse et avare. Ce n'était plus maintenant la convoitise des millions de mon héritage de mon père le Roi, mais c'était l'avidité d'une autre fortune, celle de l'Impératrice Charlotte, ma malheureuse tante, dont la vieillesse est abritée par le Château des Boucottes . Cette nouvelle possibilité de richesse suscitait la même convoitise et, comme autrefois, elle produisait la même ligne de conduite. Mais une fois de plus, j'ai été providentiellement sauvé.

CHAPITRE XVII I
La mort du roi. Intrigues et poursuites judiciaires.

Il existe un certain livre dont seulement 110 exemplaires ont été imprimés, et ceux-ci ont été soigneusement distribués à ceux qui ne risquaient pas de les égarer.

Ce livre, dont je déplore qu'un plus grand nombre d'exemplaires n'aient pas été imprimés, contient tous les témoignages concernant Niederfullbach , et les divers jugements contre mes prétentions. Tel qu'il est, et en raison de ce qu'il contient et de ce qu'il ne contient pas, je serais heureux de voir ce livre dans les collèges et écoles de droit du monde entier. Ce serait à la fois utile et suggestif. Aussi, s'il était sous les yeux du grand public, il serait sans doute consulté avec beaucoup d'intérêt.

Quelles réflexions ne susciterait-on pas, non seulement parmi les juristes, mais plus encore parmi les penseurs profonds, les historiens et les écrivains, de voir des documents qui jettent une lumière nouvelle sur un siècle, un peuple et un homme.

Que ne trouverait-on pas caché dans des paroles retentissantes et des chiffres énormes ! Quel rôle prodigieux joue dans ce livre un esprit doué entouré de collaborateurs dévoués à sa grandeur tant qu'il a vécu, mais qui, enrichi et satisfait, a oublié son œuvre et son nom une fois mort.

« La gratitude, disait Jules Sandeau , est comme ces parfums d'Orient qui conservent leur force lorsqu'ils sont conservés dans des vases d'or, mais la perdent lorsqu'ils sont placés dans des vases de plomb. »

Il y a peu de vases d'or parmi les hommes. Il existe des vases qui semblent briller de ce métal précieux, mais qui sont en réalité faits du pire plomb. Les apparences sont pour la plupart trompeuses.

Le livre que je souhaiterais voir plus largement diffusé est un grand volume relié en carton vert, imprimé à Bruxelles sous le titre : « Récit de l'héritage de Sa Majesté Léopold II — Documents publiés par l'État belge ».

Un des avocats français les plus connus m'a écrit à propos de ces travaux :

"C'est un grand trésor, une mine inépuisable. Un jour, les amoureux de la Droite, les jeunes et les vieux de tous les pays, publieront des essais et des ouvrages inspirés des documents concernant la succession du roi Léopold II. Ils n'ont pas de prix. Les voici. on y trouva un roman éclatant d'affaires, de conceptions magnifiques, de formes étonnantes de contrats, de statuts et d'engagements, et enfin une merveilleuse discussion judiciaire où morale et immoralité s'opposent. Le tout se termine par un jugement fantastique, précédé et suivi de transactions stupéfiantes. .

"On pensait que ce procès était terminé. Il recommencera et se poursuivra peut-être pendant cent ans, sous des formes diverses et dans certaines conditions qu'on ne peut prévoir. Il est impossible que la menace de la justice belge contre les droits naturels soit acceptée et demeure incontesté. »

Si, comme on le verra tout à l'heure, il est incontestable que le Roi a librement cédé le Congo à la Belgique, possession originellement garantie par son argent et sous sa surveillance directe, la raison doit admettre qu'un tel don n'aurait pu être accepté sans La Belgique, de son côté, contracte quelques dettes envers la famille du Souverain, principalement envers ses enfants.

Que le donateur ait pu vouloir exclure ses filles de ses biens immobiliers n'est pas contestable, mais qu'il ait pu le faire en justice n'est pas présumable, et cette action ne sera jamais admise. Accepter une telle iniquité signifierait un conflit avec ce principe sacré qui constitue la base de la continuité de la famille.

Je vais maintenant citer l'opinion d'un avocat. Ses confrères avocats qui liront ces lignes le connaîtront. Je pourrais citer mille opinions. Mais un seul suffira : celui d'un avocat belge, qui a eu la puissance nécessaire pour obtenir « au nom de l'État » ce qu'on ne peut qualifier que de jugement sacrilège.

La veille du jugement qui fixait en ma personne la défaite de Droit et Justice, un de mes principaux avocats à Bruxelles était si sûr de son succès qu'il télégraphia à un de mes avocats, dont les conseils avaient été très précieux : « Félicitations pour anticipation."

Comment pourrait-on en douter ? Le procureur de la République, un véritable avocat, avait résumé en ma faveur . C'était un honnête homme. Il a sauvé l' honneur de la justice belge en cette journée mouvementée.

Mon principal avocat belge était tellement convaincu de ne pas être battu qu'il s'opposait à un compromis, qui était alors peut-être possible, et j'ai accepté. Car moi (qui avais comparu tant de fois devant les tribunaux) j'avais horreur des poursuites judiciaires. Ici comme ailleurs, j'ai été saisi et écrasé dans un engrenage fatal. Il serait facile de le prouver. Mais l'intérêt n'est pas là ; elle réside dans la lutte extraordinaire que j'ai eu à soutenir presque seul dans le procès concernant les biens du roi.

Ma sœur Clémentine , qui n'avait peut-être pas lu Hippolyte Taine, céda aux illusions dynastiques et sacrifia sans hésiter ses prétentions. Elle accepta du Gouvernement belge ce que l'État se plaisait à lui offrir. Elle n'a pas pris en considération le fait qu'elle devait s'associer à ses sœurs. La devise belge est "L'Union fait la force". Cette devise ne s'applique pas à toutes les familles belges !

Ma sœur Stéphanie a d'abord pris mon parti, puis elle s'est retirée, puis elle est entrée avec moi, et encore elle s'est retirée....

Je restai ferme dans mon erreur, si l'on pensait qu'il s'agissait d'une erreur. Je savais au moins ce que je voulais. Ma sœur cadette n'en était pas si sûre. C'est son affaire. On ne peut pas me reprocher que ma cause, étant celle de la droite, n'ait pas toujours été la sienne.

J'espère qu'on peut me croire ; Je n'ai lutté que pour la justice. Personne ne peut dire ce que j'aurais dû faire si j'avais gagné.

En ce qui concerne le Congo, je n'ai jamais eu l'intention de prétendre que mes sœurs et moi puissions éventuellement contester la volonté du Roi et les lois votées en Belgique pour la reprise de la colonie. Mais entre le conflit de certains points en litige et l'acceptation d'un déshéritage contre nature et contre la légalité, il existait un espace qui aurait pu et aurait dû être comblé par un règlement honorable .

L'État belge avait une proposition à faire, qu'il a timidement esquissée. Mon principal avocat n'a pas jugé cela suffisant. Le peuple belge, livré à lui-même, aurait su mieux comment agir et honorer la mémoire de Léopold II, mais ce devoir a été délégué à ceux qui, jusqu'à ce jour, ont volontairement et lamentablement failli.

Considérons la Belgique comme un être humain, doué d' honneur et de raison, jaloux du jugement de l'histoire et de l'estime du monde ; maîtresse de millions de Congolais et d'autres millions de trésors coloniaux. En tant qu'être raisonnable, se serait-elle considérée comme libre de toute obligation envers les malheureux enfants du donateur de ces cadeaux ? Certainement pas.

Si elle pensait autrement, elle serait sans honneur , sans raison, une cruelle cynique, à qui se méfieraient à juste titre toutes les personnes sensées. Tous les décrets du monde ne la feraient jamais autrement.

J'ai réfléchi à cela et je reste convaincu que je n'étais pas le seul à avoir cette opinion. Mes avocats belges avaient d'autres avis que les miens et les croyaient concluants.

Si je n'ai pas réussi à prouver ma cause, j'ai eu au moins la satisfaction de savoir que mes avocats n'ont rien perdu.

Mon cas leur a porté chance. Ils sont finalement devenus des ministres, des hommes enviables en tous points, fiers de m'avoir défendu.

Mais revenons aux mots écrits ; ils sont plus éloquents que n'importe lequel des miens. Je souhaite seulement être sincère. Ici comme ailleurs, je dis exactement ce que je pense. Je ne passe pas sous silence ni ne déforme les choses. Je me retiens seulement d'être trop véhément. Vous me voyez tel que je suis.

Je m'exprime comme si j'étais en présence du Roi. Je souhaite atteindre l'esprit de mon père, communier avec son âme et le convaincre dans le monde invisible que mes affirmations étaient justes.

Au début de ces pages, j'ai placé son nom, qui est resté cher à mon respect de fille. Je n'ai jamais pu et je n'ai jamais osé discuter avec ce père qui a été tellement trompé et mal informé à mon sujet.

* * * * *

Le 18 décembre 1909, le *Moniteur* publiait le communiqué suivant :

"La nation belge a perdu son Roi !

« Fils d'un illustre souverain, dont la mémoire restera à jamais comme un symbole vénéré de la monarchie constitutionnelle, Léopold II, après un règne de quarante-cinq ans, est mort sous le harnais, après avoir, jusqu'à sa dernière heure, consacré le meilleur de sa vie et de sa force à l'agrandissement et à la prospérité du pays.

« Le 17 décembre 1865, devant les Chambres réunies, le Roi prononça ces paroles mémorables, qui depuis ont été souvent rappelées :

« Si je ne promets à la Belgique ni un grand règne comme celui du roi qui a fondé son indépendance, ni d'être un noble roi comme celui que nous déplorons aujourd'hui, je promets au moins que je me montrerai un roi dont toute la vie sera se consacrer au service de la Belgique.

"Nous savons avec quelle puissante énergie il a tenu et même dépassé cette promesse solennelle.

« La création de l'État africain qui forme aujourd'hui la colonie belge du Congo fut l'œuvre personnelle du Roi et constitue une réalisation unique dans les annales de l'histoire.

« La postérité dira que ce fut un grand règne et qu'il fut un grand roi.

"Le pays qui pleure aujourd'hui sa perte doit honorer dignement celui qui est décédé en laissant derrière lui un si magnifique palmarès.

« Le pays place tous ses espoirs dans la coopération loyale, déjà si heureusement manifestée, du Prince appelé à présider aux destinées de la Belgique.

"Il s'inspirera des exemples illustres de ceux qui sont devenus, avec l'aide de la Providence, les bienfaiteurs du peuple belge.

« Le Conseil des Ministres :

F. SCHOLLAERT , *ministre de l'Intérieur et de l'Agriculture* .
LÉON DE LANTSHEERE , *ministre de la Justice* .
J. DAVIGNON , *ministre des Affaires étrangères* .
J. LIEBAERT , *ministre des Finances* .
BON DESCAMPS , *ministre des Sciences et des Arts* .
BRAS. HUBERT , *ministre de l'Industrie et du Travail* .
M. DELBEKE , *Ministre des Travaux Publics* .
G. HELLEPUTE , *ministre des Chemins de fer, des Postes et Télégraphes* .
J. HELLEPUTE , *ministre de la Guerre* .
J. RENKIN , *ministre des Colonies* .

Parmi les signataires de cette émouvante proclamation, certains sont morts, d'autres sont encore en vie.

A ceux qui ne sont plus et à ceux qui sont encore en vie, je dis :

"Vous avez écrit et attesté que la création de l'Etat africain était l' œuvre *personnelle* du Roi. En sa *personne* , vous avez donc reconnu *l'homme* , *le chef de la famille - et donc de la famille elle-même* ; sinon le mot *personnel* est sans sens... Et, en fait, il a soudainement perdu son sens. Le Roi, désormais une entité sans chaînes terrestres, a enrichi la Belgique à l'exclusion de ses enfants, déclarés inexistants.

" Et comment, avec ou sans vous, a-t-il été honoré ?

"En poursuivant la dotation de Niederfullbach et d'autres créations de ce talentueux bienfaiteur ?

" Ah ! En aucun cas !

"Vous avez liquidé, réalisé, détruit et abandonné tout ce qu'il avait conçu et ordonné. Je ne souhaite pas décrire en détail tout ce qui s'est passé, et je n'ai aucune envie d'effleurer la tristesse liée aux secrets de Niederfullbach et aux autres œuvres de le Roi, à partir du jour où ils cesseront d'être sous sa direction, je prendrai position sur le terrain du péché contre la morale qui me préoccupe le plus.

« Onze ans se sont écoulés depuis la mort du « Grand Roi ». Où est le monument érigé à sa mémoire ?

"Les Ostendais, qui lui doivent la prospérité et la beauté de leur ville, n'ont même pas osé montrer un exemple de leur gratitude. Ils ont peur de contrarier les ingrats Bruxellois, qui préfèrent le silence."

Ses vœux à l'égard du Congo et de ses héritiers se trouvent dans trois documents, que je joins ci-dessous :

D'abord:

(I) Une lettre explicative du Roi, en date du 3 juin 1906, sous forme testamentaire.

(Joint à la pièce n° 36 de la collection publiée par le Gouvernement belge.)

"J'ai entrepris, il y a plus de vingt ans, l'œuvre du Congo dans l'intérêt de la civilisation et pour le bénéfice de la Belgique. C'est dans la réalisation de ce double objectif que j'ai annexé le Congo à mon pays en 1889.

« Connaissant toutes les idées qui ont présidé à la fondation de l'État indépendant et qui ont inspiré l'Acte de Berlin, je tiens à préciser, dans l'intérêt de la nation, les vœux exprimés dans mon testament.

« Le titre de la Belgique sur la possession du Congo est dû à ma double initiative, à savoir les droits que j'ai acquis en Afrique, et les usages que j'ai faits de ces droits en faveur de mon pays.

"Cette situation m'imposait l'obligation de veiller, conformément à mon idée initiale et dominante, à ce que mon héritage soit utile dans l'avenir à la civilisation et à la Belgique.

"En conséquence, je tiens à préciser les points suivants, points qui sont en parfaite harmonie avec mon désir immuable d'assurer à mon pays bien-aimé les fruits de l'œuvre que j'ai poursuivie pendant de longues années sur le continent africain, avec l'accord général consentement de la plupart de mes sujets :

« En prenant possession de la souveraineté du Congo, avec tous les bénéfices, droits et avantages qui y sont attachés, mon légataire assumera, comme il est juste et nécessaire, l'obligation de respecter tous les engagements de l'État cédés envers les tiers, et de respecter également tous les actes que j'ai établis touchant les privilèges des indigènes pour les donations de terres, pour la dotation d'œuvres philanthropiques ou religieuses, pour la fondation du domaine de la Couronne, pour l'établissement du domaine naturel, ainsi que l'obligation de ne diminuer par aucune mesure les droits sur les revenus de ces diverses institutions sans donner en même temps une compensation équivalente. Je considère l'observation de ces règles comme essentielle pour assurer à la souveraineté du Congo les ressources et la puissance indispensables. pour l'accomplissement de la tâche.

« En cédant volontairement le Congo et les bénéfices qui en découlent au profit de la Belgique, je dois, sans ajouter à l'obligation nationale, m'efforcer d'assurer à la Belgique la perpétuité des bénéfices que je lui lègue.

"Je tiens à affirmer avec certitude que l'héritage du Congo à la Belgique devra toujours être maintenu par elle dans son intégrité. En conséquence, le territoire légué sera inaliénable dans les mêmes conditions que le territoire belge.

"Je n'hésite pas à préciser cette inaliénabilité, car je sais quelle est la valeur du Congo, et j'ai, en conséquence, la conviction que cette possession ne coûtera jamais à la nation belge aucun sacrifice durable.

"(Signé) LÉOPOLD .

« Bruxelles, le 3 juin 1906. »

Après avoir lu ceci, aucune personne vraiment sensée ne peut nier que le Roi parle du Congo comme d'une propriété privée qu'il cède volontairement à la Belgique, ce qu'il était tout à fait libre de faire, et que la Belgique était également libre d'accepter comme propriété royale. cadeau.

Mais il n'y a pas de droit sans devoir.

Je demande si le gouvernement belge a eu raison de me ruiner, exilé et prisonnier, calomnié et méfiant ; me refuser ma nationalité belge, et mettre sous séquestre le peu d'argent qui me reste en Belgique ?

Ceci, je l'ai déjà dit, était, je crois, le résultat fatal d'une mesure générale, mal interprétée peut-être par un fonctionnaire inexpérimenté.

Mais laisse tomber !!

Je demande seulement si le Gouvernement belge peut affirmer aujourd'hui qu'il a rempli les conditions qui lui ont été imposées par son bienfaiteur, et notamment « l'obligation de respecter l'intégrité des revenus des différentes institutions » instituée par le Roi en faveur du Congo.

J'attends une réponse. J'en viens maintenant à la question de la Volonté.

VOLONTÉ DU ROI. (Document n° 42.)

"C'est ma volonté.

« J'ai hérité de mes parents quinze millions. Ces quinze millions, je les ai scrupuleusement gardés intacts, malgré bien des vicissitudes.

"Je ne possède rien d'autre.

« Après ma mort, ces quinze millions deviennent la propriété de mes héritiers et doivent leur être cédés par l'exécuteur testamentaire, pour être partagés entre eux.

« Je meurs dans la religion catholique à laquelle j'appartiens ; je souhaite qu'aucune autopsie ne soit faite ; je souhaite être enterré sans faste au petit matin.

« A l'exception de mon neveu Albert et des membres de ma maison, personne ne doit suivre ma dépouille.

"Que Dieu protège la Belgique et qu'il me fasse miséricorde dans sa bonté.

"(Sgd.) LÉOPOLD .

" *Bruxelles, le 20 novembre 1907.* "

On a beaucoup écrit sur ce testament. La déclaration « Je ne possède rien » hormis les quinze millions déclarés a fait couler l'encre.

L'affirmation elle-même s'est révélée fausse à la mort du Roi, puisque dans l'abondance de richesses de toutes sortes qui s'y trouvait, le Gouvernement belge était obligé de qualifier de « litigieuses » certaines actions et deniers qu'il ne pouvait reprendre et qui c'est laissé à mes sœurs et à moi-même. Ces actions et cet argent ont presque doublé la fortune que nous a léguée notre père.

Qu'on ne dise pas : « La fortune était considérable ». En tant que déclaration, c'est vrai. Mais il ne faut pas oublier que tout est comparatif, et que si j'explique un point de succession unique dans l'histoire, ce n'est pas parce que je suis avare. C'est parce que je dois insister, par principe, pour défendre ce que je considère comme juste, et pour éclairer le public sur une discussion jusqu'ici embrouillée et obscure.

Le second Testament, reproduit ci-dessous, se contente d'énoncer précisément l'intention du premier :

L'AUTRE VOLONTÉ DU ROI. (Document n° 49.)

« J'ai hérité de ma mère et de mon père quinze millions.

"Je laisse ceux-ci être répartis entre mes enfants.

« En raison de ma position et de la confiance de diverses personnes, des sommes importantes sont parfois passées entre mes mains sans m'appartenir.

"Je ne possède pas plus que les quinze millions mentionnés ci-dessus.

"(Sgd.) LÉOPOLD .

« *Laeken , 18 octobre 1908.* »

Dans ce document, le Roi ne dit pas plus qu'il a économisé « scrupuleusement » les quinze millions. On a beaucoup écrit à ce sujet, car ailleurs le roi déclarait souvent de la manière la plus formelle qu'il avait utilisé non seulement sa propre fortune, mais aussi celle de ma tante, l'impératrice Charlotte, dans l'entreprise du Congo.

Il aurait peut-être tout perdu. Si tel avait été le cas, la Belgique aurait-elle indemnisé ses enfants à son décès ? Certainement pas! Heureusement, la Belgique est gagnante.

Est-il logique que les enfants du roi soient pour lui des objets d'indifférence ?

Pour en finir avec la question des quinze millions, il reste un fait que je ne peux passer sous silence, et qui suffirait à invalider la déclaration caractéristique du roi, si la découverte n'en avait pas déjà été faite à sa mort.

De ce fait bien connu, chacun devinera d'avance ce que je pourrais dire...

Il n'est pas judicieux de s'étendre sur ce sujet. L'âge est excusable dans ses erreurs, et la disposition de soixante millions trouvera de nombreuses aides volontaires.

Mais en vérité, qui trompe-t-on, et par qui est-on trompé ? Les airs vertueux sont étrangement une affaire de circonstance chez certaines personnes qui se prêtent à un étonnant favoritisme , au détriment des héritiers naturels du Roi.

Mais oublions cela. Retenons seulement le point matériel, c'est que le Roi *voulait* déshériter ses filles.

Était-il juste et moral de la part de la Belgique de s'associer à cette erreur inhumaine et à cette illégalité ?

N'aurait-elle pas dû adopter une autre ligne de conduite en notre faveur et en mon nom et celui de mes sœurs ?

Je le demande au Roi comme s'il était vivant et en pleine possession de ses facultés ; Je demande cela au Roi qui est désormais éclairé par la mort.

Je le demande à mes courageux compatriotes.

Je le demande aux juristes du monde entier.

Je le demande à l'histoire.

Laissons de côté les millions de générations futures et les centaines de millions de générations passées.

J'ai renoncé aux attentes et aux promesses des contes de fées plus facilement que la plupart des gens. J'aurais aimé rendre heureux beaucoup de gens, aider de belles œuvres, créer des institutions utiles. Dieu connaît tous mes rêves. Il a décidé qu'elles ne devaient pas être remplies et je suis résigné.

Je n'ai voulu défendre qu'un principe et m'assurer un minimum des possibilités d'une existence libre et honorable selon mon rang.

Mon acte était-il alors injustifiable ?

Qu'établissent certains documents — qu'il est facile de consulter —, mais que je ne puis reproduire ici sans donner à ces pages un caractère différent de celui que je souhaite donner ?

Ces documents prouvent que la fortune *personnelle* du roi avait atteint un minimum de vingt millions au moment de sa dernière maladie.

Au décès du souverain, cette fortune, ou la plus grande partie, avait disparu. Mes sœurs et moi avions un chiffre rond de douze millions.

Mais qu'en est-il du reste ?

On nous a dit, et à moi surtout :

" Quoi ? Vous vous plaignez ? Aux termes du testament de votre père, vous ne devriez avoir que cinq millions. Vous en avez douze millions et vous n'êtes pas satisfait. Vous discutez, vous accusez, vous incriminez ! Vous êtes toujours en guerre avec quelqu'un. "

Je ne suis en guerre contre personne en particulier dans cette affaire. J'ai simplement défendu ce droit et je crois que c'est mon devoir.

Le gouvernement, le juge et les opposants du parti m'ont dit, dans de belles phrases, que j'avais tort.

Accepteraient-ils de soumettre leurs jugements au verdict final d'un tribunal composé de juristes des pays amis de la Belgique ?

Je renonce par avance au bénéfice de leur décision si elle devait être en ma faveur .

Accepteraient-ils d'accepter une enquête au sujet de la fortune *réelle et personnelle* du roi au moment de sa mort et de ce qu'elle est devenue ?

Je le sais d'avance. Ces questions indiscrètes ne rencontreront qu'un profond silence.

Ce qui me console dans mes malheurs, c'est de savoir que les hommes dans la confiance du Roi se sont merveilleusement enrichis. Si mon père pouvait seulement laisser quinze millions, je suis sûr qu'en tout cas, ils pourraient en laisser beaucoup plus. Je suis très heureux de penser qu'il en est ainsi, car je trouve naturel que le mérite, la valeur , la conscience et la fidélité soient récompensés sur terre.

Je ne regrette qu'une chose, qui est commune à la nature humaine. L'argent, hélas ! ne tend pas à l'améliorer. Au contraire, il semble endurcir le cœur de ceux qui le possèdent.

Comment les fidèles serviteurs du Roi et ceux de ma famille peuvent-ils être à l'aise dans des palais, où tout respire le confort et le luxe, quand je suis réduit à vivre comme je suis obligé de vivre maintenant, pratiquement au jour le jour, ne sachant aujourd'hui où loger. espérer demain ma subsistance, bien qu'à la portée de deux fortunes : l'une déjà mienne par droit d'héritage, et l'autre dont j'ai toutes les intentions d'hériter ?

On peut dire qu'au lieu de me plaindre, je pourrais continuer à défendre mes droits, et cela ne sert à rien d'abuser de l'injustice des hommes. Je n'ignore pas qu'il suffit d'attaquer la Société des Sites et les biens français que le Roi a donnés à la Belgique, pour que la justice française, digne du nom de justice, condamne une société fictive, dont Cette prétendue existence n'est pas étrangère à un avocat parisien et aux domestiques de ma famille qui ont prêté leur nom selon les circonstances.

La loi est la loi pour tous en France, et lorsque la Société des Sites a été fondée à Paris, cela s'est fait au mépris le plus flagrant de la légalité française.

Je n'oublie pas que la loi allemande condamnerait également ce qui s'est passé entre la Belgique et les administrateurs de Niederfullbach , si j'attaquais ces personnes devant la justice d'Allemagne, comme je pourrais le faire facilement. Les deux Allemands qui figurent sur la liste des administrateurs ont si fortement senti le danger, en raison de leurs propriétés et de leurs fonctions en Allemagne, que, face à d'éventuelles représailles dangereuses, ils se sont abrités derrière l'État belge par le biais de "l'arrangement" qui ils ont accepté, et qui nous a volé, à mes sœurs et à moi, des sommes considérables.

Je sais aussi que le Don Royal de 1901 est attaquable en Belgique, sur la base de l'erreur matérielle commise sur la question de la part disponible des biens du Roi. Mais en réalité, c'est trop pénible pour moi d'y penser et d'entrer dans ces détails. Je n'en donne que certains pour montrer que j'ai résisté et que je résisterai encore, en m'assurant que si je n'ai pas trouvé la justice en Belgique, je la trouverai ailleurs.

Pour parler en toute franchise, j'ai cruellement souffert et je souffre encore à cause des conflits dans lesquels j'ai été impliqué.

Lorsqu'il m'arrive de relire les plaidoiries des talentueux avocats qui m'ont défendu ou attaqué sur la question de l'héritage du Roi, une sorte de malaise m'envahit. Devant tant de paroles, face à tant de raisons pour et contre, j'estime que tout peut être attendu de l'humanité, sauf l'équité.

Il m'est absolument stupéfiant de constater que trois de mes avocats sont ministres, ou sont sur le point de le devenir, au moment où j'écris ces pages. Il me suffit de reprendre leurs « plaidoiries » pour entendre la voix de leur conscience proclamer la justice de ma cause et accuser l'État dans lequel ils s'incarnent aujourd'hui de collusion et de fraude, en un mot d'actions sans réserve.

Ne se souviennent-ils pas de ce qu'ils ont dit, écrit et publié ? J'écoute en vain quelques paroles de leur part... Rien... jamais un mot. Je suis mort, pour eux.

Je suis malheureux. Ils le savent et gardent le silence.

Jamais une pensée, un souvenir pour celui qui se confiait à eux. Ils sont au pouvoir – et je suis dans la misère ; ils vivent dans leur propre pays : je suis un exilé. Ce sont *des hommes* et je suis une *femme* . Ô mesquinerie de l'âme humaine !

Je repense à tout ce qui a été dit et écrit contre moi dans le pays de ma naissance pour lequel j'ai été sacrifié. Quelles erreurs, quelles exagérations, quelles passions, quelle ignorance de mon moi réel ! Néanmoins, pris individuellement, ceux qui m'attaquent et me diffament sont vraiment des hommes bons et courageux dans l'âme. Mais ils déchirent l'âme. Ne comprennent-ils pas ce qu'ils font ?

La Belgique n'a-t-elle pas de conscience ? Elle occupe aujourd'hui un si haut rang dans l'opinion du monde, qu'il semble impossible pour elle de s'exposer à la diminution de sa gloire morale qui suivra inévitablement lorsque l'Histoire abordera la question controversée de l'héritage du roi et ses résultats dans mon propre cas. Peut-elle jouir légitimement et paisiblement de ce qu'elle a injustement obtenu, ou qu'elle a saisi plus ou moins avidement ? L'histoire trouvera, comme je le trouve, certaines paroles ineffaçables dans le discours au Sénat de M. de Lantsheere , ministre d'État, touchant le don royal de 1901, que tout ce qu'il y avait de meilleur dans l'âme belge trouvait alors inacceptable.

Je reproduis ces paroles pour la contemplation et la considération de tous les honnêtes hommes.

M. de Lantsheere parla ainsi au Sénat belge , le 3 décembre 1901, pour contester l'acceptation par la Chambre des Représentants du Don du Roi, et de tout ce qui avait enrichi le Roi en privé :

"J'entends rester fidèle à un principe que le roi Léopold Ier a toujours soutenu et dont il ne s'est jamais départi, que j'ai également défendu il y a vingt-six ans avec M. Malou , M. Beernaert et M. Delcour , membres du Cabinet. dont j'ai eu l' honneur d'être membre, et dont MM. Hubert Dolez , d'Anethan et Notcomb , principaux de ceux qui m'ont précédé, qui, comme d'autres après moi, ont également soutenu ce principe, qu'il a été réservé aux. loi à abandonner pour la première fois, peut se résumer en quelques mots. *La common law est un support indispensable du patrimoine royal.* Le présent projet offense la Justice.... Deux des princesses royales sont mariées à ces mariages. Des familles ont donc été fondées. Ces enfants se sont mariés à leur tour et ont fondé de nouvelles familles. Ces familles pouvaient très raisonnablement s'attendre à ce que rien de préjudiciable n'arrive aux droits héréditaires que le

Code déclare inaliénables aux descendants. Si, par quelque aberration dont vous donnerez le premier exemple... vous ne respectez pas les lois qui fondent les familles,... *une voix universelle se fera entendre en Belgique qui maudira les domaines qui ont enrichi le pays. nation aux dépens des enfants du roi ....*

" Ne pensez-vous pas qu'il paraîtrait très honteux que la royauté soit exposée au soupçon de vouloir (sous couvert de libéralité envers un pays) se réserver les moyens, sinon de déshériter ses descendants, du moins de les en priver. auxquels ils ont droit légalement et moralement ? J'ose croire que les personnes qui insistent sur le fait qu'il doit rester ferme dans son acceptation des droits de la Common Law serviront beaucoup plus fidèlement les intérêts de l'État que celles qui soutiennent cette acceptation. du don désastreux d'une autorité illimitée. Je souhaite ignorer la possibilité que l'une de ces arrière-pensées soit entrée dans l'esprit de Sa Majesté ; vous devez les ignorer si elles ne vous sont pas déjà venues à l'esprit ; et certaines lois sont faites afin de prévenir d'éventuelles injustices.

« Si au moment de la mort du Roi on avait eu soin d'empiéter sur les fonds disponibles, vous n'auriez pas eu le courage de mettre la main sur ce patrimoine. Pourquoi alors forgez-vous des armes qui, le moment venu, mûr, vous rougirez à l'usage ?

"C'est pourquoi, Messieurs, l'inutilité du projet se révèle encore une fois, ainsi que son caractère également odieux et dangereux... c'est une monstruosité juridique... Il ne faut jamais dire qu'au Royaume de Belgique aucune pauvre fille possède plus de droits légaux sur l'héritage de son père que les filles du roi n'en possèdent désormais sur l'héritage de leur père.

CHAPITRE XI X
Mes souffrances pendant la guerre

J'étais à Vienne lorsque la guerre fut déclarée, et jusqu'au début des hostilités, j'avais peine à croire qu'une telle chose était possible. L'idée que l'empereur François-Joseph, déjà un pied dans la tombe, envisageait d'apparaître comme un combattant, après avoir invariablement subi une défaite, me paraissait une pure folie. Il est vrai qu'une camarilla, agissant sous les ordres de Berlin, s'est servie du vieillard faible comme d'un instrument. Mais il était incroyable que Berlin veuille réellement s'engager dans une guerre qui ne manquerait pas de provoquer un incendie universel. C'était pire que la folie : c'était un crime.

Mais le désir de tuer emporta le pouvoir à Berlin. J'avais le pressentiment d'une mystérieuse fatalité qui avait ensorcelé Berlin et Vienne.

Je me demandais ce que j'allais devenir. Et chaque solution possible devenait de plus en plus difficile. Si, selon l'opinion de mes compatriotes belges, j'ai le malheur de ne pas avoir recouvré ma nationalité malgré le bon sens et l'approbation du Roi mon père, et d'avoir une fois de plus nié les droits de justice et d'humanité, action contre laquelle Je proteste le plus vivement : j'ai été considéré dès le premier jour de la guerre comme un « sujet ennemi » par la cour de Vienne, qui était sans doute heureuse de pouvoir me faire du mal d'une manière nouvelle.

On m'a demandé de quitter la Double Monarchie le plus tôt possible. Le chef de la police est venu en personne m'informer de cette décision. Ce fonctionnaire distingué était courtois à bien des égards, mais l'ordre était extrêmement précis et formel.

Je suis parti en Belgique. Mais certains événements me retinrent à Munich. L'armée allemande barrait la route, et mon dévoué pays allait bientôt connaître les horreurs dont la première responsabilité incombe à la Prusse.

Jusqu'au 25 août 1916, je pus vivre dans la capitale de la Bavière, en princesse belge, sans avoir à éprouver bien des inconvénients auxquels m'exposait ma position. Le gouvernement bavarois se montra certainement indulgent. J'ai même été autorisé à retenir une femme de chambre française qui était à mon service depuis longtemps. Le comte, ce chevalier dévoué dont la proximité dans ma triste vie m'avait apporté une consolation et un soutien sans faille, fut également admis à faire partie de mon entourage.

Mais les victoires allemandes convainquirent mes impitoyables ennemis que je serais bientôt à leur merci. Ils organisèrent aussitôt leur nouveau plan de campagne !

Je suis fier d'écrire ceci, fier d'admettre que les souffrances de la Belgique étaient les miennes. Elle était opprimée. J'ai aussi été victime d'oppression. Elle avait tout perdu. J'avais aussi tout perdu.

De jour en jour, mes ressources devenaient limitées et l'atmosphère, d'abord compatissante, devenait hostile. J'essayais de m'effacer le plus possible et de me soumettre patiemment aux exigences de ma situation délicate. On savait avec qui mon cœur était en sympathie ! Les inquiétudes et la dureté m'ont vite envahi.

Mon gendre, le duc Gunther de Schleswig-Holstein, n'a pas ignoré – et avec raison – les difficultés que j'ai dû surmonter. Il ne perdit pas de temps pour faire savoir qu'il estimait que je devais accepter d'être placé sous sa tutelle et forcé de recevoir de ses mains mon dernier morceau de pain.

Je ne souhaite pas m'étendre sur les actions de ce monsieur. Si je devais publier les documents et les papiers légaux que j'ai conservés, je ne ferais qu'ajouter au remords et au désarroi que j'aimerais croire avoir envahi ma malheureuse fille. Mais, par devoir envers moi-même, je dois raconter un peu ce qui s'est passé. Rien d'autre ne suffira à montrer le drame qui m'enveloppe depuis le jour où j'ai représenté la perte possible d'une fortune à ma famille.

Le duc Gunther de Schleswig-Holstein, dès le moment où l'Allemagne se croyait maîtresse de la Belgique, s'occupa de savoir ce qui pourrait me revenir de l'héritage de mon père. Un peu plus de quatre millions et demi avaient été déposés à la banque, assignés au profit de mes créanciers, par arbitrage du tribunal formé à la veille des hostilités.

Cette somme d'argent fut l'objet de la touchante sollicitude de mon gendre. Je laisse à d'autres le soin de raconter ses efforts pour s'en emparer et le détourner dans une voie différente de celle à laquelle il était destiné.

Néanmoins, ces quatre millions et demi ne représentaient qu'une goutte d'eau dans l'océan par rapport aux promesses du passé. Mon cher pays peut donc se réjouir, et je me réjouis avec elle, que, par la victoire de l'Entente, elle ait échappé à une révision du procès touchant l'héritage royal, qui eût été en opposition directe avec le droit divin et humain. du moins dès que le décret a été publié.

Quel crime n'aurait-il pas alors été commis en mon nom en faveur du triomphe final des armes allemandes si, menacé des affres de la famine, j'avais signé certaines renonciations qu'on m'a arrachées à Munich, et avais ainsi perdu ma personnalité et abandonné mes droits sur mes enfants en échange d'une somme dérisoire ?

Ils se voyaient désormais susceptibles d'être compensés dans une certaine mesure pour tout ce qui les avait auparavant empêchés d'acquérir l' héritage du roi. Ils avaient aussi la certitude de posséder les trente millions qui représentent ma part de la fortune de Sa Majesté l'impératrice Charlotte, lorsque ma malheureuse tante succombe sous le fardeau de son âge avancé.

Mes enfants — depuis l'heure où ils ont pris conscience de l'affreux état de dénuement auquel j'étais réduit pendant la guerre — n'ont poursuivi qu'un seul but : *sans prendre la peine de me voir ni de m'approcher directement* , ils ont tenté par l'intermédiaire de personnes rémunérées agents pour me forcer à signer une renonciation à mes attentes.

LA DUCHESSE GUNTHER DE SCHLESWIG-HOLSTEIN

Au mépris direct de la loi, on m'a ordonné de signer mon nom sur un document par lequel je renonçais à mon futur héritage de l'impératrice au profit de mes enfants. Enfin, épuisé de souffrances, j'étais sur le point d'accepter le paiement annuel d'une somme de *six mille marks* , en échange de laquelle je serais réduit à l'isolement et à l'esclavage, et pillé davantage. tout cela pourrait m'appartenir.

Je ne dirai rien ici au duc de Holstein, ce soldat financier ; mais à ma fille Dora, fruit de mon corps, que j'ai nourrie au sein et que j'ai élevée, je dis ceci :

"Vous pouvez posséder toutes les apparences extérieures de respectabilité. Vous pouvez jouir des bienfaits d'une fortune dont je connais la source, vous pouvez n'éprouver ni honte ni remords, vous pouvez même oser prier. Mais Dieu ne peut jamais être trompé. Pas de méchanceté. , aucune complicité coupable, aucune action contraire à la Nature n'échappera à sa justice. Tôt ou tard, il jugera tous les hommes selon leurs œuvres.

Avant de conclure mon récit des machinations de ces vautours humains qui tentèrent d'attaquer ma liberté et mes droits, alors qu'un jour j'avais eu le malheur de demander de l'aide à mes enfants, je ne dois pas oublier de mentionner que plus tard, lorsque j'ai repris le poste de capitaine de mon âme, j'ai fait appel à la justice de Munich. Les tribunaux y ont déclaré invalides les renonciations qui m'avaient été extorquées dans ma misère et ma frénésie alors que j'étais affamé et sans abri.

Pendant la guerre, je ne savais souvent pas où dormir ni quel serait mon prochain repas.

J'écris ceci franchement, sans la moindre fausse honte, ferme dans l'approbation de ma propre conscience.

Je n'ai jamais volontairement blessé qui que ce soit. J'ai souffert en silence. Je prends aujourd'hui la parole pour ma propre défense , mettant en évidence un drame familial qui touche à l'histoire contemporaine. Je parle avec franchise , mais je ne suis pas animé par des sentiments de haine. La méchanceté a diminué. Mais mes souffrances personnelles n'ont en rien diminué. Je suis née fille de roi, je mourrai fille de roi. J'ai certes demandé de l'aide, mais plus au nom de mes serviteurs que pour moi-même. Je ne supportais pas de voir ces créatures dévouées, mon réconfort et mon soutien dans ma misère, pleurer et pâlir pendant ces jours sombres.

Le comte avait été obligé de quitter Munich. Le matin du 25 août 1916, sa chambre est soudainement envahie par la police. Il fut mis en prison, puis emmené en Hongrie, puis interné près de Budapest. Il était croate de naissance et était donc considéré comme un sujet de l'Entente, avant même la défaite qui unissait la Croatie et la Serbie. La justice humaine n'est en réalité qu'un mot !

Le même jour, Olga, ma principale assistante, une Autrichienne qui m'avait toujours témoigné un dévouement précieux et de longue date, fut également arrêtée. Elle a ensuite été libérée. Mais j'ai compris l'importance de cela : l'ordre était venu de la plus haute autorité de s'aliéner tous ceux qui tenaient à moi. Je vais décrire ce qui a suivi.

Ma servante française, dont les soins étaient si désintéressés, fut internée. Si ma fidèle Olga n'était pas sortie de prison, et si je n'avais pas eu les moyens de la garder, j'aurais été complètement isolé.

Mais peu de temps après, je ne savais vraiment pas comment subvenir à mes besoins quotidiens. Mes derniers bijoux avaient été vendus. J'étais maintenant aussi pauvre que les pauvres âmes qui imploraient ma charité.

Que dois-je décider de faire, que dois-je tenter ? Si je faisais appel à ma fille, je savais que j'aurais à affronter le duc de Holstein. Il était absolument impitoyable. Tout cela s'est passé en juillet 1917.

La Providence me présenta alors un homme honorable , un professeur suisse, terriblement affligé de mon sort.

Il m'a généreusement proposé de m'aider à rejoindre la Silésie, où ma fille résidait dans l'un de ses châteaux. Ce château n'est pas loin de Breslau. Je quittai donc Munich, avec Olga, dans l'espoir de revoir mon enfant et d'obtenir d'elle un abri temporaire.

Mais arrivé au terme de mon voyage, j'ai essayé en vain d'être reçu, écouté et assisté par Dora.

Je me suis donc retrouvé bloqué dans un petit village des montagnes silésiennes, où mes dernières marques ont vite disparu.

Le comte avait essayé de m'envoyer de quoi exister. Sans aucun avertissement, les autorités postales allemandes ont retenu l'argent et lui ont renvoyé ses lettres.

La petite auberge où je m'étais réfugié était tenue par des gens aimables qui ne pouvaient cependant me laisser m'arrêter que si je pouvais payer. Je me voyais confronté à la misère la plus extrême. L'aubergiste semblait avoir peur de moi. Il m'a dit qu'il avait reçu l'ordre de rendre compte de mes actes à la police et que j'étais bien surveillé, même si je ne le savais peut-être pas.

Il s'est trompé. Olga et moi avions remarqué que nos moindres mouvements étaient surveillés. Même dans nos promenades en rase campagne, nous rencontrions continuellement quelque paysan ou quelque piéton qui paraissait ne pas nous remarquer, mais qui en réalité nous espionnait plus ou moins sans succès.

Je sentais l'influence d'une force implacable qui voulait m'enfermer dans quelque nouvelle prison , maison de fous ou prison, ou qui me ferait peut-être même envisager l'autodestruction.

Dans cette extrémité, le Ciel vint encore une fois à mon secours.

Le jour même que je croyais être le dernier qu'on me permettrait de séjourner à l'auberge, je m'assis misérablement sur un banc devant la maison. Je me demandais avec désespoir ce que j'allais devenir. Soudain, une voiture apparut, spectacle rare dans cette région peu fréquentée. Le cocher me fit signe , et j'aperçus, assis dans la voiture, un grand personnage d'apparence importante qui semblait chercher quelque chose ou quelqu'un.

Il me cherchait !

Je sus bientôt que ce monsieur était venu de Budapest de la part du comte et souhaitait me parler.

A ces mots, je me sentis tiré de l'abîme du désespoir. Mais mes épreuves n'étaient pas terminées.

L'agent de confiance du comte avait été chargé de la mission de m'aider à quitter l'Allemagne. Pour ce faire, il faudrait traverser l'Autriche jusqu'en Hongrie, où je pourrais compter sur une sympathie active qui me serait témoignée.

Les choses et les gens avaient déjà changé dans la monarchie austro-hongroise !

Mais quelles possibilités un tel voyage présentait ! Premièrement, je n'avais pas de papiers officiels. La révélation de mon nom et de mon titre suffirait à elle seule à entraver mes progrès ; Je devrais être immédiatement détenu.

Mais même si, grâce au messager du comte, ma note à l'auberge fut réglée, je ne disposais que de moyens très limités. L'Autriche, il est vrai, n'était pas loin. Nous pourrions y aller à travers les montagnes en passant par la Bohême, mais l'envoyé déclara qu'en raison de son essoufflement et de ses jambes gênantes, il ne pourrait pas me suivre sur les sentiers de chèvres que nous devions certainement emprunter. Il décida que notre meilleur plan était de nous diriger vers Dresde et, de là, de choisir la route la plus facile.

Lorsque le soir tomba, notre hôte ferma métaphoriquement les yeux sur mon départ. Il a attendu le lendemain pour signaler ma disparition aux autorités.

Au moment où il l'a fait, j'étais en Saxe. Mais là encore, il était trop dangereux de s'approcher du Lindenhof dans un royaume où mes malheurs avaient fait l'objet de tant de publicité. Nous nous souvenâmes enfin d'un petit village voisin de la frontière, du côté le plus proche de Munich, où le régime était moins rigoureux que dans les environs de Dresde, et nous y arrivâmes sans que rien de fâcheux ne se produise.

La difficulté actuelle n'était pas tant de traverser l'Allemagne. Il s'agissait principalement de résoudre la question de la possibilité pour moi de séjourner dans un lieu retiré sans que mon identité soit découverte et notifiée, et ensuite de passer la frontière sans passeport et de me mettre en sécurité à Budapest.

Cette Odyssée ferait à elle seule un volume. Cela se terminait dans un village bavarois où je respirais à nouveau librement. Une bonne femme m'a offert, ainsi qu'à ma fidèle Olga, la plus aimable hospitalité.

Le messager du comte continuait toujours à veiller à mon bien-être et se trouvait un logement dans les environs.

De ma fenêtre, je voyais le clocher de l'église du village autrichien par lequel je dois passer pour atteindre Salzbourg, Vienne et la Hongrie. J'étais désormais aux confins de la Terre Promise. Un petit bois m'en séparait, à l'extrémité duquel coulait un ruisseau bien connu des contrebandiers, puisqu'il séparait la Bavière de l'Autriche, et leur servait de moyen de transit la nuit.

Je n'osais pas prendre de risques ! Il me faudrait traverser un pont constamment gardé par une sentinelle. Mais une fois le pont passé, j'aurais dû laisser l'Allemagne derrière moi !

Lorsque je me trouvais près de Munich, j'avais repris possession de deux chiens préférés . Mon amour des chiens est bien connu. Je ne souhaitais pas m'en séparer et j'avais l'intuition qu'ils me seraient utiles dans ma fuite. Je pensais tendrement à l'intelligent Kiki, aujourd'hui prisonnier à Bad- Elster . Ses successeurs, comme lui, me porteraient sûrement chance ! L'un était un gros chien de berger, l'autre un petit griffon.

J'hésitai d'abord à m'approcher du pont, de peur d'être reconnu. Puis je réfléchis qu'il paraîtrait suspect à une sentinelle de service que je reste toujours à une certaine distance. Ma meilleure méthode serait de ne pas me cacher des sentinelles, mais de marcher constamment avec mes chiens à proximité. Les soldats (les mêmes étaient toujours de service) s'habitueraient vite à me voir, et je ne représenterais à leurs yeux qu'un inoffensif habitant du village.

L'envoyé du comte me pria de hâter mon départ. J'ai refusé. Il a conseillé un vol nocturne. Je n'étais pas d'accord avec lui. J'ai dit : « J'irai quand bon me semblera, à mon heure, quand je *sentirai* que le moment propice est arrivé.

C'est curieux, mais c'est néanmoins vrai, que j'éprouve toujours une sorte d'intuition étrange face aux difficultés. C'est exactement comme si une voix intérieure me conseillait la voie à suivre. Et chaque fois que j'ai obéi à cette intuition, j'ai toujours eu raison.

Un matin, je me suis réveillé sous la domination de mon guide invisible.

"Vous devez partir aujourd'hui à midi."

J'envoyai aussitôt au messager du comte. Grâce à ses papiers officiels, il put passer la frontière avec Olga sans aucune difficulté. Ils sont donc partis en avance. Je leur ai donné rendez-vous au pied du beffroi du village autrichien, si proche et si loin à la fois.

Si la sentinelle m'arrêtait et m'interrogeait, je serais prisonnier !...

Vers midi, je me promenais au bord du ruisseau, mon gros chien sautant autour de moi, le petit griffon dans mes bras. Le soleil d'automne était très vif et la sentinelle se tenait à l'ombre, à peu de distance du pont. J'ai traversé le pont d'un pas nonchalant, comme si c'était une évidence. Le soldat n'y prêta aucune attention. Je m'éloignai sans inquiétude, mais mon cœur battait furieusement ! J'étais enfin en Autriche ! En arrivant au village, j'ai rejoint ma « suite ». Une voiture attendait. J'ai conduit jusqu'à Salzbourg et je me suis hébergé dans un petit hôtel où je savais que je devrais être temporairement en sécurité.

J'ai attendu trois jours l'arrivée de mon avocat viennois, M. Stimmer , qui avait été secrètement informé de mon retour en Autriche et de mon désir de me rendre à Budapest sous sa protection.

M. Stimmer répondit à mon appel. Il a renoncé à toutes les difficultés juridiques qui pourraient découler de la situation. La voix de l'humanité parlait plus fortement que la voix de l'obéissance à l'ordre qui m'avait banni d'Autriche et m'avait livré au pouvoir de l'Allemagne, où j'aurais inévitablement succombé à la misère et aux persécutions.

Mais en Hongrie, j'aurais une chance de connaître des jours plus heureux. M. Stimmer décida de m'y accompagner.

J'avais atteint la limite de mon endurance lorsque mes pérégrinations prirent fin à Budapest et je me trouvai dans un hôtel confortable de première classe. Les autorités ne voyaient rien de compromettant en ma présence. Sur ma demande pressante, le comte fut autorisé à quitter la petite ville où il était interné et à rester plusieurs jours près de moi pour discuter de mes affaires.

Malheureusement, la guerre se prolongea désespérément. Petit à petit, la vie est devenue de plus en plus difficile. L'Autriche et la Hongrie ne sont plus victimes d'illusions. Éclairés par la connaissance de la défaite, ils maudissaient Berlin comme l'auteur de leurs malheurs. Budapest était en effervescence.

D'un seul coup, tout s'est effondré. Le vent du bolchevisme souffla furieusement sur la double monarchie. Je me suis familiarisé maintenant avec les commissaires et les soldats de la Révolution. J'ai connu des visites d'inspection, des perquisitions , des interrogatoires. Mais soudain, mes malheurs désarmèrent même les dirigeants sauvages du communisme hongrois. J'ai déjà raconté comment l'un de ces hommes, voyant à quelle pauvreté j'étais réduit, remarquait : « Voici une fille de roi qui est plus pauvre que moi.

Si je vivais des siècles, j'éprouverais encore en pensée ces émotions poignantes que j'éprouvais au temps des tourments qui renversaient les trônes et jetaient les couronnes aux quatre vents du ciel. Les époques passées n'ont jamais connu un tel bouleversement.

Sur les rives du Danube, entre l'est et l'ouest, la chute de la puissance prussienne et du prestige de la monarchie se fait sentir peut-être plus vivement qu'ailleurs.

Je me suis souvent demandé si j'étais réellement vivant dans le monde que j'avais connu autrefois, ou si je n'étais pas victime d'un long cauchemar.

Nos ennuis, nos soucis, notre propre individualité ne sont rien dans le tourbillon des passions humaines. Je me sentais emporté par tout ce qui m'entourait dans le pays inconnu d'une ère nouvelle.

CHAPITRE X X
Dans l'espoir du repos

Et maintenant que j'ai dit tout ce qui me paraissait indispensable, peut-être mes lecteurs m'excuseront-ils si je me suis mal exprimé en racontant l'histoire de mes souffrances.

Peut-être qu'ils m'excuseront aussi d'avoir rompu le silence que j'ai gardé jusqu'ici.

Il y a eu des discussions sans fin concernant moi et mes affaires. Je ne l'ai pas souhaité, je ne l'ai pas inspiré. Elle est née uniquement par la force des choses.

Nous sommes impuissants face aux circonstances. Nos vies semblent être davantage influencées par les autres que par nous-mêmes, et la fatalité qui ordonne souvent nos actions et nos journées n'est pas notre choix.

Un instant de folie peut détruire toute une vie. Cela a été mon expérience personnelle. Mais je pense qu'au début c'est moi qui ai été trompé, parce que je n'étais pas assez vieux pour bien juger et voir clairement.

Puis-je vieillir sans obéir au devoir de défendre la vérité, tant outragé par mes ennemis ? Puis-je descendre dans la tombe, incompris et calomnié ?

Ma vie représente une succession de fatalités dont j'ai été impuissant à éviter le *dénouement final*.

Je l'ai déjà dit, et je le répète, je ne me tiens pas pour autant innocent des erreurs, des fautes et des méfaits. Mais il faut, en justice, chercher leur cause première dans mon mariage désastreux.

Mes parents, en particulier la reine, ne voyaient aucun inconvénient à me confier au prince de Cobourg alors que j'étais à peine un enfant.

Le Roi voyait dans ce mariage la possibilité de certaines influences et d'une union politique qui seraient utiles à lui-même et à la Belgique.

La reine était ravie à l'idée que je devais m'établir en Autriche et en Hongrie, d'où elle était elle-même venue, et où je me souviendrais d'elle, et en même temps favoriserais la gloire de mon pays et les ambitions du roi.

J'ai été sacrifié pour le bien de la Belgique, et la Belgique compte désormais des Belges qui me reprochent le don de ma jeunesse et de mon bonheur essentiellement destiné à leur bénéfice ! Les Belges d'aujourd'hui me considèrent comme un Allemand, un Hongrois, un étranger, et pire encore ! Hélas pour la gratitude humaine !

Quoi qu'il en soit, suis-je coupable d'avoir volontairement abandonné mon pays ou de cesser de l'aimer ?

Tout mon être proteste contre cette ignoble accusation.

De quoi suis-je donc coupable ? D'avoir quitté mon mari et mes enfants ?

J'ai vécu vingt ans à la Cour la plus corrompue d'Europe. Je n'ai jamais cédé à ses tentations ni à ses folies. J'ai donné naissance à un fils et à une fille, je les ai allaités au sein et j'ai reposé tous mes espoirs de mère dans mes enfants. Le sort de mon fils et la façon dont il m'a quitté sont de notoriété publique. On sait également comment ma fille, influencée par son mari et son environnement, m'a traité.

De quoi étais-je réellement coupable ? Il est vrai que me trouvant à bout de courage, et étouffant dans l'atmosphère d'un foyer qui pour moi était détestable, j'étais sur le point de succomber....

J'ai été sauvé lors de cette crise et j'ai consacré ma vie à mon libérateur. Et en conséquence, mon sauveur fut traité de faussaire, et, à force de persécutions pécuniaires et d'amendes, on chercha à l'anéantir.

Nous avons tous deux échappé aux meurtriers qui voulaient notre destruction.

Suis-je coupable d'avoir lutté, d'être resté fidèle à la fidélité et d'avoir résisté aux efforts visant à me renverser ?

Les jugements d'erreur et de haine m'importent peu. Je suis restée la femme que j'avais promis à ma sainte mère de devenir, l'idéaliste qui a vécu sur les hauteurs.

Suis-je coupable au sens réel de la moralité et de la liberté ? Beaucoup de femmes qui s'estiment en mesure de me jeter la première pierre ont bien plus à se reprocher !

Que reste-t-il à dire ?

Ceci... Je croyais, je croyais en commun avec les plus grands esprits juridiques, que dans le cours ordinaire des événements j'hériterais d'une fortune de mon père. Mon héritage a été considérablement grevé et réduit à cause de stratagèmes frauduleux et de jugements erronés, universellement condamnés.

Suis-je coupable d'avoir été trompé et pillé ?

On dit encore que ma famille n'était pas unie. Est-ce ma faute ?

J'ai toujours aimé ma chair et mon sang plus que moi-même. Ai-je manqué d'affection et de respect envers mes parents ? N'étais-je pas pour mes sœurs la sœur aînée adoratrice qui les aimait et les chérissait ?

Suis-je coupable des erreurs du roi et de la reine, la seconde convaincue par mes persécuteurs de la gravité de ma « maladie », la première irritée — non par mon indépendance, mais par le scandale qu'elle suscite ?

Suis-je coupable de l'égoïsme de mes sœurs, l'une victime de l'étroitesse d'esprit, l'autre victime de manigances politiques ?

Je l'admets librement : je me suis certainement rebellé contre la déloyauté et la retenue. Mais pour quels motifs ? Pour quelles fins ?

Mon véritable crime a consisté dans mes efforts pour acquérir mes propres biens, dans l'attente d'une fortune que je n'ai pas manipulée.

Le monde n'admire que les vainqueurs, quels que soient les moyens par lesquels ils obtiennent la victoire.

Je suis une victime depuis que mes pieds de fille ont été entraînés dans des sentiers détournés ; J'ai toujours subi la défaite.

Une fois la bataille terminée, je n'ai pas demandé pardon pour mensonge, blessure, vol ou persécution.

J'aurais pu être seul, j'aurais pu tomber sous le fardeau de l'infamie et de la violence. Mais je ne céderais pas parce que je ne me battais pas uniquement pour moi-même.

Dieu m'a visiblement soutenu, en animant mon cœur de sentiments d'estime et de gratitude pour une âme chevaleresque dont je n'ai jamais entendu prononcer un mot de plainte, si atroces que fussent les intrigues et les cruautés qui l'entouraient.

Un monde vil a jugé son dévouement et ma constance du point de vue le plus bas.

Qu'un tel monde réalise maintenant qu'il existe des êtres bien au-dessus des instincts sordides auxquels l'humanité s'abandonne, des êtres qui, dans une aspiration commune à un idéal élevé, s'élèvent au-dessus de toutes les faiblesses terrestres. Les dernières lignes de cette courte esquisse d'une vie, dont les détails rempliraient de nombreux volumes, doivent être une reconnaissance de ma gratitude envers le comte Geza. Mattachich .

Je n'ai pas beaucoup parlé de lui, car il pensera que même un peu, c'est trop. Cet homme silencieux n'apprécie que le silence.

"Le silence seul est fort, tout le reste est faiblesse." Ainsi a écrit Alfred de Vigny, et ce vers est la devise des forts.

Mais vous savez, comte , que contrairement à vous, je ne peux pas me forcer à me taire. Je souhaite invoquer la vision de l'heure où vous avez prononcé pour la première fois ces paroles qui ont pénétré ma conscience et l'ont purifiée et illuminée. Depuis cette heure, cette lumière a été mon guide. J'ai cherché dans la souffrance le chemin vers la beauté spirituelle. Mais vous m'y avez précédé, et dans les profondeurs obscures de l'asile de fous, j'ai regardé vers votre cellule de prison, et ce faisant j'ai échappé aux horreurs de la folie.

Nous avons dû subir les assauts de la convoitise et de l'hypocrisie.

Nous avons lutté dans la boue ; nous avons été séparés dans des terres sauvages. Le monde n'a vu que les éclaboussures de boue et l'étendard en lambeaux de notre combat. Il a ignoré la cause et sa malveillance ne nous a jamais pardonné de sortir du combat en victimes.

Tout cela était très amer à l'époque, mais je ne regrette jamais ! Mes souffrances me sont chères parce que vous, le comte, les avez partagées, après avoir essayé si ardemment de m'épargner.

Il y a toujours une certaine joie à supporter des afflictions imméritées dans un esprit de sacrifice.

Cet esprit de sacrifice vous est particulièrement propre. Je ne l'ai jamais possédé. Mais tu m'en as doté. Aucun don n'a jamais été aussi précieux pour mon âme, et je vous serai reconnaissant de ce côté du tombeau et au-delà !

Moi qui seul vous connais tel que vous êtes réellement et connais l'adoration qui vous a donné raison de vivre, je vous remercie, Comte, au crépuscule de mes jours, de la noblesse que vous avez toujours montrée dans cette adoration. Saurai-je un jour, saurez-vous jamais, le sens du repos autrement que le dernier repos qui est le lot de l'humanité ?

La justice terrestre nous rendra-t-elle jamais les réparations espérées ?

Sera-t-il possible pour nous de rester hors-la-loi de la vérité et écrasés par les abus de pouvoir et la méchanceté humaine ?

Qu'il en soit comme Dieu le veut !

www.ingramcontent.com/pod-product-compliance
Lightning Source LLC
Chambersburg PA
CBHW051444130726
47987CB00005B/2183